DOUBLE V

"Domaine français"

DU MÊME AUTEUR

UNE HISTOIRE ITALIENNE, Gallimard, 2019.
DANS TOUT LE BLEU, Actes Sud, coll. "un endroit où aller", 2021.
Italiques in *MÉMOIRES DE NOS MÈRES*, Collectif, Textuel, 2022.

ISBN 978-2-330-17424-8

LAURA ULONATI

Double V

roman

ACTES SUD

Pour Fiona

Looking for a phrase, I found none to stand beside your name.

Dédicace de *Night and Day*
à Vanessa Bell, VIRGINIA WOOLF, 1919.

Ma sœur est morte.
Elle s'est noyée dans l'Ouse.
Pas le Tibre, la Seine ou la Tamise,
rien de noble ou de surfait
pour charrier son corps, un simple gris
de fleuve traversé de pays plats,
d'écueils et de monts, de pâles collines.
Même pas la mer pour théâtre de son naufrage :
avant de l'atteindre, les griffes des racines et les allu-
vions poisseuses
l'ont retenue dans leur jeu.
Le jeu sans fin du courant,
d'une onde où il n'y a plus rien à sauver.

Ma sœur est morte.
Un midi de mars, elle s'est coulée dans la marée du
printemps.
Elle s'est coulée pour voir
jusqu'où c'est profond dans le noir.
Une flotte qui sombre sous un zénith en miettes,
froid et incapable,
au milieu des champs. Sans livrer bataille.
C'est sous l'eau qu'elle a bien voulu se rendre mais
avant de partir, elle s'est parée de montagnes ;
de son manteau aux poches lestées de pierres, lour-
des, de quoi tomber
bien droite.
Tenez-vous droites ! claquait la mère.

Et sur la rive, abandonnées dans le gel, ses empreintes,
sa canne,
la menace du Blitz trop proche. Les cris
d'un monde où il n'y a plus rien à sauver.

Ma sœur est morte.
Le *policeman* a mis trois semaines à la retrouver
emmêlée dans les ajoncs.
L'eau croupie emmerde la belle Ophélie,
le gentil tableau
des saules pleurants, et ronge l'infini
de son œil bleu terrible.
Le *policeman* m'a dit la vérité ; sa tête dévorée et
le narcisse fleuri dans sa bouche pourrie
de silence.
La Nature ouvrière l'avait déjà défaite :
recomposé son corps lavé, percées ses chairs en crue,
gonflé son ventre de bois.
Les lambeaux de sa peau et le ressac
de son sexe détrempé ; ce refuge où elle plongeait
les doigts.
Son corps une rivière et, pour moi,
le dégoût des vivants.
L'impuissance
d'une aînée qui n'a plus rien à sauver.

Ma sœur est morte d'une mort cent fois annoncée.
Persévérante suicidée qui ne consentait
qu'à ce qui engloutit.
À l'art.
À l'amour.
À la folie.
La pluie arrive et promet un jardin anglais pour
la couvrir ;

il la berce d'herbiers. Je la vois sous les pierres,
sous l'orme qui couronne ses cendres et l'oblige
à renaître en une fourmilière affairée.
Je me courbe, je me couche contre elle qui m'a gardée droite.
J'ai le sanglot long et des ongles sales qui grattent ;
les fourmis attaquent,
mâchent et remâchent ses reproches dans mes oreilles fendues,
piquent et repiquent de regrets mes narines enfouies,
mon sourire plein de terre,
mes larmes.
Et regardez. Regardez !
Il n'y a plus que nous formant un tout ; une seule et même bête
qui gueule de rage.
Un monstre inversé au double visage.
Une légende :
Virginia et Vanessa ; Vanessa et Virginia.
Deux V jumeaux, deux pointes de flèches rivales
qui sifflent vers le large. Un grand vent d'ouest.
Des ailes d'oiseaux, des dents de vampires,
une paire de vieilles mamelles.
Un sommet aux versants encaissés, abrupts, demeurés à tous
imprenables.

Ce signe qu'elle gravait dans les écorces et que je dessinais sur le sable,
qui disait :
Toi – mienne
Moi – tienne

W

Bien sûr, c'est par elle que je fais sa connaissance, par Virginia.

Par ce flou évanescent, si séduisant, qui nimbe souvent les clichés anciens. Une image advenue dont Vanessa n'est pas l'auteure, dont elle est à peine le sujet à côté de sa sœur. C'est étrange de s'intéresser à une peintre à cause d'une photographie comme celle-ci.

Sa surface apparaît troublée, elle manque de netteté. On appelle ça "du bruit". Drôle de nom pour un drôle d'effet ; des grains comme ceux de voix emmêlées m'empêchent de bien voir, de bien entendre ce que cette image veut dire. Ils m'empêchent de bien distinguer les traits de ces deux filles jouant au cricket.

Simplement deux filles d'il y a presque cent trente ans. L'une en avait alors douze, l'autre quinze. Habillées pareil, coiffées pareil, chaussées pareil, elles prennent la pose. La petite tient la balle à côté de la grande qui défend.

Quoi ?

Des piquets que rien ne menace d'écrouler, puisque la balle est déjà attrapée.

Pourtant, Vanessa fait semblant. Pourtant, Vanessa se courbe et agrippe sa batte prête à frapper.

Des fratries assorties, on en a tous accrochées dans nos maisons. Des lignées encadrées en bermudas et chemises, cols Claudine et manches ballons. Des souvenirs de parents qui prennent leurs enfants pour des poupées, qui interrompent leurs matchs pour mieux les immortaliser. Pour mieux les figer et les enfermer dans ce qui deviendra des histoires de famille.

Des mythes.

Ces légendes qui rongent parce qu'elles manquent sous chaque cadre. Parce qu'elles mentent, déformées le dimanche au déjeuner dans la bouche de maman. Traîtresse et grasse, elle mastique la vérité, elle modifie ce qui a été. Une goule qui profite de l'absence de carton d'exposition pour vomir une pelote de réjection. Cette balle ronde et lisse, parfaite, que la cadette serre entre ses mains en corolle.

Des mains de bénitier que la mauvaise qualité de la photo semble auréoler d'un halo.

C'est beau. C'est ce que j'ai envie de regarder, moi aussi.

À l'aune de sa sainteté, de sa postérité de noyée, Virginia Woolf a déjà la figure trouée d'yeux vifs et droits. Virginia Woolf congédie déjà les codes et les normes pour jouer aux jeux de garçons, pour saisir la balle au bond et la garder.

De toute façon, à qui pourrait-elle la donner ? Son équipière a la tête baissée.

Vanessa sait que les jeux de garçons peuvent mal tourner.

Souris un peu ! Regarde l'appareil, nom de Dieu !

Les invectives fusent hors-champ, je les entends maintenant. C'est ça le bruit.

Ce bruit qui réduit à rien, à un pantin qui fixe le sol.

Tout juste là.

Tout juste au monde le long d'années qui se font et se défont. Presque sans nom, presque sans visage dans ce temps de la vie qui traîne à s'incarner, à vraiment commencer. À écrouler les derniers jours de l'été, les derniers jours ensemble dans ce jardin. Les piquets autour d'une enfance dressée.

Une adolescence poissée dans le miroitement d'aurores boréales projetées au plafond par la télévision. Un âge passé à attendre d'exister, à attendre un événement que l'on pourra habiter en entier, quelque chose que l'on n'aura plus à partager.

Devenir son propre portrait.

Effacer son double raté qui faisait toujours la tronche quand elle s'exécutait, gracieuse.

L'aînée que j'étais.

Celle que je suis.

Ce négatif de ma sœur que je voudrais aimer, que je devrais protéger mais dont j'enfonce la tête dans la baignoire comme ils enfoncent leurs doigts en moi, leurs sexes au fond de ma gorge.

La tête sous l'eau pour ne plus voir.

Une image de là-bas qui surgit soudain ici et m'envahit.

C'est ma faute, j'avais oublié de la déchirer avec le reste du paquet.

Il ne fait pas encore jour, il fait encore violet. Un soleil fainéant se lève peu à peu dans la lune, il n'est pas pressé que tout bascule. C'est comme ça que la lumière apparaît en Cornouailles, lentement mais sûrement. Comme si, dans l'obscurité, quelque chose grandissait.

Tremblants, les pétales s'inclinent ; les feuilles se creusent en milliers de paumes. Elles implorent, elles espèrent l'averse chaude et puissante des couleurs, ce miracle de l'aube, chaque jour invaincu, qui leur fait quitter le gris de la nuit.

Au seuil de la floraison, au bord de l'apparition, cette attente est la plus belle. Elle crée des images à la limite du réel, suspendues en une mystérieuse plénitude. Une magie enchanteresse qui découpe les arbres en lames, transforme la Nature morte en visions d'aventure. En folle orgie. Un alliage de formes argentées et tendues de désir.

Soudain, la fenêtre flamboie ; son cadre saisit ce moment où là-haut s'embrase en une voûte de miséricorde. La clarté. La récompense pour qui a cru en la résurrection. L'exploit de la rosée, d'une innocence qui renverse les ténèbres et déchire l'épaisseur de la chambre.

Face à cette forge du ciel, elle travaille. La tête penchée dans une révérence, arrimée comme elle peut à un angle de sa petite table de toilette. Elle trouve toujours de la place pour dessiner et faire émerger des formes du chaos. Pour que ce grand feu la gagne. En dessous, quelque part, les pas d'un domestique froissent un tapis de laine. L'horloge tinte. La maison reste à naître comme cette terre, et il y a une exaltation à être éveillée quand les heures s'allument, assise au milieu du monde qui s'assemble et sonnaille.

Elle croque ces bruits dont le chant s'était tu depuis les dernières vacances, le crissement des carreaux sous le monologue des vagues ; cette cadence de souffle qui lui navigue dans les veines. Tout fixer, tout voir pour ne pas perdre le bord de mer et l'ourlet de ce rideau qui, dans l'air engourdi de sommeil, se gonfle à peine. Garder le contour des choses et de soi-même, du bois de cette commode dont la présence rassure quand on sursaute d'un cauchemar. Des pages de carnets remplies avant de s'habiller. Avant que son père ne lui demande à quoi servent ses barbouillages ; avant qu'elle n'ait envie de hurler que ça lui sert à ne pas crever.

Parce que, malgré ses quinze ans, elle sait qu'elle crève. Elle sait que les roses chair du jardin seront sang demain, que l'enduit frais et bleu qui peint maintenant sa fenêtre sera bientôt sec et délavé, griffé du cri des mouettes. La beauté dévaste car son visage est fugace, asymétrique et impossible à saisir, comme celui de sa sœur endormie. Pourtant, elle s'entête ; elle s'acharne à capturer les yeux fermés sous la frange noire, les lèvres pleines, le nez fin et droit. Elle veut extraire l'abandon, cette torpeur du lit d'où monte une odeur de violette et d'algues à marée basse. L'essence de Virginia, du creux de son corps ramassé en cuillère qui diffuse une lueur de point du jour, la vraie étincelle du matin. Pas aveuglante. Plutôt une chaleur de bougie dans une chambre pleine et comblée. Cette contrée éphémère, presque imaginaire, que l'on passera le reste de son existence à chercher. L'enfance, le pays de tous les exilés.

Ici, il est possible de le retenir ; à St Ives, le temps relâche sa prise. Sa marche se fait à l'envers depuis la gare de Paddington. Deux wagons réservés le 1er juillet pour en remonter le cours, chargés de malles, de boîtes de crayons, de seaux et d'épuisettes, de filets à papillons, de livres, d'épées en bois et de battes de cricket, de chapeaux de paille ; de bagarres pour la place assise près de la vitre à regarder les kilomètres de ville tomber le long des rails. Le compte à rebours des arrêts jusqu'à ce que se multiplie puis s'ouvre l'horizon, jusqu'au soulagement de la simplicité, droit devant. Après le carcan chenu des dimanches à Londres, des mondanités et de leurs préséances, toutes ces saisons enfermées dans des parcs rangés d'arbres, voilà que se déploie une péninsule sauvage aux airs de dernière frontière, jetée dans la mer comme un bras. Il balaie d'un coup sec les hiérarchies, tous les protocoles poussiéreux et indique, de son doigt levé d'ange biblique, le bout du monde. Le bout de la vie et le chemin pour y prendre part.

Elle se sent alors Perséphone réclamant son dû, sa récompense de lumière en un baptême de rayons, de splendeur à boire en vitesse car elle meurt de soif et ces jours sont comptés. Trois mois seulement, mais les plus heureux. Trois mois pour engranger les images et les sensations, les mettre en bouteille en attendant l'année suivante. Patienter et tout juste respirer pendant neuf mois de peur au ventre puis un soir, enfin, la délivrance ; les parents qui déclarent à table qu'ils ont loué Talland House.

Une maison au profil de vieux gréement et aux portes toujours ouvertes, aux voilages ébouriffés par les quatre vents. Un équipage de lin léger pour rempart contre les leçons de mathématiques et les récitations de l'histoire, contre l'entraînement pour devenir une lady. L'âge de raison. Les yeux emmurés et leurs rêves de plomb. Sur ce littoral qui l'enfante et l'éveille, tout en elle devient plus large. Une source d'eau fraîche non souillée, oubliée dans l'argile pourrie de la vie ; où semer des graines de moutarde, un rejet d'amandier, des troncs solaires à étreindre dans d'interminables parties de cache-cache. Des rameaux de secrets auxquels elle est libre de grimper, libre en un tour de roue, libre d'avoir une sœur. À Talland House, la compétition et ses comparaisons, ces sentences que les adultes lâchent depuis leurs altitudes et qui tombent entre elles, tranchantes comme de la glace, ne les séparent plus.

Les nuits bénies de l'été, Virginia et ses douze ans se faufilent dans son lit, l'âge d'en profiter encore un peu en se serrant à deux sur le matelas devenu étroit. La paillasse fatiguée s'affaisse en grondant qu'elles sont trop grandes pour ça. De l'autre côté de sa peau, elle sent la fraîcheur de sa sœur glisser contre elle. La forme d'un fantôme qui exige pour s'endormir des mots, ceux qui appellent les rêves. Antilopes et navire, Abyssinie. Arc-en-ciel. Carnaval et croisière. Talisman. Des paroles qu'elle égraine en berçant sur son épaule la tête de sa cadette, qui disent l'insouciance et ses jeux. Un rituel, comme d'autres tiennent dans leur main une plume ou remplissent leurs poches de morceaux de sucre pour croire à la chance, aux fauves ou à la pleine lune. Au lendemain.

Et l'épier maintenant, la contempler dormir dans ce petit jour comme autrefois dans son berceau. Du ciel de lit, au-dessus, penchée pour en admirer la grâce et sentir sa gorge se serrer d'amour, ses poumons s'étouffer d'envie. Peut-être de haine. Thoby avait déjà rompu sa solitude et l'avait faite aînée, mais Virginia ce n'est pas pareil. La première fois qu'elle l'avait vue, elle avait reconnu cette part manquante d'elle-même ; cette semblable qui lui enlève du pouvoir. Un bébé à froufrous né sans avoir été invité, qui pousse d'un coup comme la mauvaise herbe dans un parterre tout juste taillé, qui se redresse, lui attrape l'index avec son poing en une menace déjà animée par cette force qui la ferait fille. Son égale. Un autre petit monde insensible à tous ses attentats, riant en ricochets aux croche-pattes dans les escaliers, aux cheveux emmêlés exprès dans le peigne pour qu'on les lui coupe.

Alors ça se met à taper du pied en elle, ça se roule par terre, ça gueule qu'elle était là avant ; que ce sera elle la prairie, le verger, la rose trémière, mais rien à faire, désormais aux yeux de ses parents, de tous, elle ne sera plus jamais unique.

La colère lui retient la respiration si fort que ça la réveille. Virginia ouvre les paupières. Deux iris étranges, purs et brillants, si clairs qu'ils en paraissent féroces. Un regard d'eau de rivière, celui de leur père qui imbibe sa face maigre, les draps ; il rehausse sa peau minérale comme le tissu fleuri des parois. On dirait que, sous son commandement, la luminosité a augmenté d'un cran dans la pièce.

Virginia semble surprise d'être là, au centre de ce lit défait de tempête. Pas comme quand, le premier matin dans une chambre nouvelle, on se croit égarée avant de se souvenir où l'on a échoué ; c'est autre chose qui agite ses pupilles de remous inquiets. Qu'est-ce qu'elle cherche ? Un piège à chimères sous la vieille carpette ? Une trouée derrière la grosse armoire ? Dans le miroir ? Le passage par où la nuit s'est fait la belle ? Vers partout, vers nulle part, impalpable mais souveraine, Virginia inspecte le décor autour d'elle avec la curiosité, la moue affectée d'un metteur en scène.

Puis elle me voit, elle me boit.

Virginia tient mon nom sous sa langue et il gémit en un large soupir, l'accord de cordes de sa voix : *Vanessa*.

Ma sœur m'appelle et m'introduit dans le corps de la vie.

C'est comme si elle me disait pour la première fois, comme si elle m'inventait dans la spirale du matin qui expire par sa bouche.

Un nom neuf et sans mémoire sur le rythme de contredanse des vagues.

Qu'est-ce que tu fais ? Viens !

Je ferme mon carnet. J'abandonne le secours de la fenêtre pour sauter des prodiges du dehors vers ceux du dedans ; de sous les draps remontés par-dessus nos têtes en un rire. En une tente de caravansérail, un écran biseauté d'ombres. Un coquillage magique par lequel filtre une lumière douce, le silence scandé de la houle. Une, deux… Une, deux… Vie-mort. Mort-vie. Le va-et-vient du sang qui pulse, le bruit du temps. Pelotonnées l'une contre l'autre dans cette intimité profonde. Un giron primordial. Quatre yeux, quatre mains, deux bouches. Un seul cœur. Quel est mon pied, quelle est sa jambe ? Aux premières heures de ce grand voyage sans retour, le réconfort de ne pas être seule, de n'être qu'une. D'arrêter l'éloignement de nos îles qui, imperceptiblement, s'écartent à mesure qu'elle croît et que je diminue.

Qu'est-ce que tu faisais ?

Virginia insiste. Je réponds en haussant les épaules : *Rien.*

Elle laisse là sa question comme je lui laisse les rêves. Car Virginia rêve sans remords quand moi je serre les lèvres. Pour ne pas que s'échappe le boum-boum dans ma poitrine ; ce bégaiement têtu auquel je ne comprends rien mais qui martèle si fort qu'il fait monter le rouge à mes joues, résonner toute ma mâchoire d'une faim tenace : *Je dessine parce que je veux être une artiste !*

Virginia a conquis la plus vaste terre, la plus estimée dans notre famille. Celle de la parole. Elle était restée silencieuse très tard, extraordinairement muette jusqu'à ses trois ans. Les médecins avaient défilé, confronté leurs opinions sur son cas. Désespéré pour la plupart. Puis un jour, Adrian s'était mis à parler et ce fut la cavalcade. Il n'était pas question que notre benjamin capte l'attention, la dépasse. Là où il babillait avec difficulté, Virginia dédaignait ces échauffements embarrassants et formait directement de parfaites phrases. Et, depuis, elle ne s'arrête plus ; elle sculpte la forêt des mots en de fabuleux assemblages, surtout ceux qu'elle a braconnés dans les gisements de mon imagination.

J'ai rêvé d'antilopes ! La voix de Virginia raconte. Elle dit des royaumes inconnus, des territoires infinis qui ne peuvent ni être mesurés, ni évoquer les souvenirs. Elle donne à l'atmosphère des ailes qui suscitent l'admiration paternelle : *Tu seras un auteur !*

À sa hauteur, la relève. Un écrivain comme lui, un compilateur, un dévoreur d'âmes. Une goinfre de livres en série qu'il ravitaille. Quand je dérange toujours, je la vois sautiller entre ses piles de volumes, les stèles de sa bibliothèque ; ce sanctuaire où règne le calme des cimetières, la tyrannie de l'œuvre de Sir Leslie Stephen. Fou et gigantesque, le *Dictionnaire biographique de l'Angleterre* auquel notre père se consacre depuis plus de dix ans. Tout le temps.

Il n'y a que Virginia qui peut l'en distraire, qui sait éteindre son œil maniaque. Qui sait couler son petit corps entre lui et son sacro-saint bureau, son autel. Dans l'entrebâillement de la porte, j'observe ma propre absence. J'observe comment il s'arrête d'écrire, comment il se lève pour aller quérir sur une étagère la tranche dorée d'un nouvel ouvrage. Pour elle. Ce plaisir qui déride son front de patriarche quand elle revient le lendemain lui en faire la critique. Ce sourire dans sa barbe d'ogre quand ils jugent ensemble de la valeur d'une vie, d'une pensée, d'un écrit ; de qui se verra honorer d'une entrée dans le volume *S*. Ce petit rire quand, impertinente, Virginia lui suggère d'ajouter plus de femmes à son inventaire : *D'accord, mais alors des grandes !*

C'est moi, la grande.

Je vais rétablir l'ordre des choses, reprendre ma place ! J'apprends par cœur la liste des reines, je fais irruption dans la bibliothèque, je me plante devant le bureau. Sans trébucher, je déclame : *Matilda, Jane, Mary I, Elizabeth, Mary II, Anne, Victoria.* Le regard de Leslie Stephen reste planté dans son impénétrable broussaille de sourcils. Il ne bronche même pas.

De toutes mes forces je veux resplendir, être bonne, utile. J'essaie d'être parfaite. J'étends mon cou, ma tête nue pour recevoir la main de mon père, mais c'est Virginia qu'il préfère. Menteuse qui détale et se planque quand il appelle pour la corvée de l'algèbre, qui répond avec toupet : *Pardon papa, je ne t'avais pas entendu !* Si je la dénonce, c'est moi qui me fais punir. Inutile de se battre quand un parent décide de ne pas vous voir, quand la distribution des rôles est déjà faite. Il ne peut y avoir qu'un seul génie dans cette famille et c'est Virginia.

On ne sait pas pourquoi ça naît, pourquoi certains y ont droit et d'autres pas. Pourquoi je suis lente dans l'existence quand ma sœur est vive de couleurs ? Pourquoi celles que j'ajoute à mes dessins ne réparent rien ? Quoi que je fasse, je suis moins. Moins intelligente, moins effrontée. Moins *masculine* comme père aime à répéter. Mon menton moins décidé, ma silhouette moins affûtée, mes cheveux et mes yeux moins profonds. Moi son pâle brouillon, elle ma flamboyante copie.

Pour tenter de m'apaiser, presque de s'excuser, Virginia signe tout d'un *W*. Une lettre qui convient à la fois pour Virginia et Vanessa. Qui dit *fait ensemble*, griffonné en bas des rédactions, en haut des cahiers. Ma sœur est le problème autant que la solution. Leslie Stephen fait semblant d'être dupe. En revanche, quand il trouve entre les pages du livre de calcul des feuilles volantes couvertes de singes et de chouettes, de son profil de Barbe bleue, il ne se trompe jamais de coupable : *Méchante, affreuse, dégoûtante fille !*

Virginia saute à bas du lit, elle s'étire. Gracile, déjà haute dans un corps d'échalas qui frissonne d'impatience, d'une immensité. Quelque chose du courage des oiseaux avant la traversée, de cette hâte vers la liberté. Ma sœur est de celles qui veulent avancer quand, moi, je suis de l'espèce qui voudrait retourner en arrière. La division élémentaire de l'humanité. D'un coup, je la vois ouvrir en grand la fenêtre ; elle se penche sur son rebord. Un hoquet de terreur m'échappe, j'ai peur qu'elle s'envole ! Non, elle veut simplement attraper le bocal qu'elle y avait placé avant le coucher. Son piège à insectes, vide. Elle est déçue : *Je n'ai rien attrapé…*

Il n'y a rien que Virginia n'aime mieux voir que les papillons de nuit égarés, regarder leur petitesse lutter. Ces phalènes qui se débattent derrière l'épaisseur subtile du verre ; ils refusent le passage transparent vers le néant. Leur doux duvet tressaute dans l'eau sucrée avec cette volonté universelle de vivre jusqu'à l'ultime soubresaut, jusqu'au souffle dernier.

C'est pareil dans la conversation ; aucun faux érudit, de ces étudiants parvenus qui gravitent autour de père, ne peut se prémunir contre sa vision de chipie ricanante. Une acuité à part qui perce l'enveloppe des apparences. La raideur compassée des colonels à la retraite, des passionnés de vieux cailloux ou de poignées d'herbes qui se prennent pour de respectables savants et s'écoutent parler. Les conférenciers, les présomptueux ; les snobs à qui Virginia fait croire qu'on les sert dans la vaisselle de l'amiral Nelson. Tous ces aristocrates bouffis, des dévots du passé pétris de certitudes sur la marche ordonnée de leur monde.

Quel délice de voir leurs moustaches trembler, ces balayettes ridicules sous leurs nez de fats désarmés par une enfant. Cette sale gamine aux yeux de serpent, pervers, qui rapetissent dès qu'ils sentent que l'on est sans défense. Une morveuse à laquelle on ne cache rien, qui vous pénètre ; qui détruit tout mais sort les gens d'eux-mêmes. Sans la moindre idée de ce qu'elle cause, ni pourquoi elle le fait. Dans ces moments-là, on sent remuer en Virginia quelque chose de brutal ; comme ce soir où un botaniste resté à dîner pérorait sur les fleurs, des créatures féminines, lascives et passives attendant d'être fécondées. Elle lui avait fait observer que les narcisses n'ont besoin ni d'abeille ni de gros bourdon pour se reproduire : *Ils sont assurément le futur des femmes, on devrait s'en tresser des couronnes !* Irrésistible autant qu'insupportable.

Et moi, je plonge le nez dans mon assiette, je me tiens les côtes pour réprimer un fou rire. Un coup de coude discret pour lui dire : *Bien joué !* Pour lui garantir que même si j'ai la tête baissée, je suis son alliée. Virginia me répond d'un clin d'œil.

Pourtant, je suis souvent sa cible. Hier, elle avait voulu jouer à la mariée ; c'était son idée. Elle avait relevé le bas du rideau, l'avait ajusté sur ma tête, et je devais avancer lentement. Solennelle, les mains jointes mimant le bouquet pendant qu'elle entonnait la *Marche nuptiale* : *Pom-pom-podom-pom-pom…* Virginia s'était arrêtée juste au moment où le rideau s'était mis à tirer, me laissant comme une potiche. Retenant d'une main la bordure sale au sommet de mon crâne – j'essayais de ne pas faire tomber la tringle – le bouquet imaginaire se fanant dans l'autre, j'attendais la suite. Le sourire de ma sœur s'était alors déformé en une grimace obscène : *Tu épouseras un vieux monsieur chauve à la bedaine et à la boutonnière fleuries. Mais ne t'inquiète pas mon dauphin, il possédera des filatures à Manchester…*

Je lui avais crié de se taire à cette vipère qui s'était aussitôt enfuie, me laissant pleurer de rage. Parce qu'elle disait vrai.

Pourquoi aurais-je un autre destin que celui des femmes de ma famille ? Virginia sait qu'elle peut espérer autre chose, mais moi je n'ai rien d'exceptionnel. Je suis celle qu'elle appelle *le dauphin*. Un bel animal, sympathique, ennuyeux et lisse. Comme ma mère.

Julia dont le visage avait inspiré des peintres, mariée à Leslie Stephen ; un épouvantail de quatorze ans de plus qu'elle. Julia avait été veuve avant lui mais, une fois libre, elle n'avait même pas eu l'idée de le rester. Une vraie victorienne qui ferme ses volets quand les suffragettes manifestent devant chez elle. Déjà trois gosses, une maigre rente, quel meilleur choix que d'épouser le voisin ? Veuf lui aussi, ça tombait bien ! Maman essaie de donner le change quand Virginia veut la faire parler ; bras dessus, bras dessous dans la roseraie, pouffant de rire en lui demandant comment père l'avait courtisée. Maman ne répond pas, elle feint la pudeur mais personne n'y croit. Deux veufs, qu'engendrent-ils ? Pas une histoire d'amour. Plutôt quelque chose qui pue, qui sent la mort et ses regrets.

Quelque chose qui nourrit en moi cette pensée déloyale ; celle de vivre une vie différente. Cette prière que je me suis faite hier en séchant mes pleurs. Pourvu que je ne sois pas normale.

Partons à la chasse ! Virginia claironne le départ, l'assaut à la conquête des clairières grosses de l'été, de stridulations de criquets. Des cueillettes en brassées de tout ce qui est jaune, blanc ou violet. Des collections de sauterelles, des mûres gorgées de soleil.

Afin de garantir le succès de l'expédition, je propose d'aller réveiller Thoby, notre aide de camp le plus sûr. Virginia secoue la tête : *On risque de réveiller aussi ce raseur d'Adrian, après on devra se le traîner toute la matinée !* J'insiste, je dis que ce n'est pas gentil pour Thoby, qu'il nous en voudra, c'est sûr. Virginia boude puis change de stratégie. Elle se fait tendre, câline : *Juste nous deux...*

Aujourd'hui, c'est moi que Virginia veut. Seule. Selon les variables d'une géométrie qu'elle sait manier, qui lui fait tracer à sa guise des figures aux côtés opposés, des triangles aux sommets acérés. Une jalousie taillée en pointe de tisonnier ; une façon d'aimer qui vous fait d'abord penser que la grâce vous a touché, mais qui vous laissera les tripes à l'air, demain, quand elle sera partie se promener avec quelqu'un d'autre.

Quand, ne voyant plus Virginia, je souffre d'être exclue, agressive, folle. Perdue. La cherchant partout sans me retrouver nulle part, derrière la maison, derrière chaque buisson, dans tous les placards. Le cœur cambriolé lorsque, finalement, je la rattrape à l'abri d'une dune. À l'abri de Thoby. De son dos qui la cache parce qu'il l'enlace. Je me jette entre eux pour les séparer.

On rapportera à Thoby une surprise, promis !

Nos chemises de nuit tombent sur nos chevilles en un parfum fleuri de sueur, douce et acidulée. Une odeur derrière le savon qui donne envie d'y plonger le nez. Virginia glousse. Je tente de me cacher de ses regards furtifs, intrigués par mes seins naissants ; le duvet de nymphe sous mes aisselles, sur mon pubis. Mon effroyable mue, entre larve et imago, qui intéresse beaucoup trop *les autres*. Les trois Duckworth, les premiers enfants de maman. Cette imbécile de Stella qui, pour mon anniversaire, m'avait offert devant la famille assemblée une breloque vulgaire que je me suis empressée de paumer ; l'un de ces médaillons où glisser le portrait d'un fiancé. Un sourire aux lèvres, béat et inconscient de l'horreur qu'il prononce : *Parce que tu deviens une femme.* Cette condamnation qui me signale à George et Gerald, à nos quatorze ans d'écart. À leurs mains longues, traînantes dans les couloirs comme des bêtes qui habitent le noir. Des doigts tentaculaires qui s'insinuent partout, jusque dans mes cauchemars. Les vacances à St Ives sont aussi des vacances des Duckworth, partis chez une tante paternelle quelque part au diable.

Mais ils reviendront et mon corps aura encore grandi. Déplié, déployé dans cette irrésistible transformation de plante avide, carnivore. Fatiguée du confort de la pénombre, elle appelle toujours plus de jour, toujours plus de chair. Un désir d'eau et d'air, mais aussi de feu dans ce nid entre mes jambes où semble battre un nouveau cœur. Un arrachement vers un ailleurs, une énergie impulsive qui bat des ailes ; qui défait, lambeau après lambeau, le cocon protecteur. Implacable, ce devenir honteux de mes hanches qui s'alourdissent et s'élargissent. Jusqu'à se remplir d'enfants.

À toute vitesse, je couvre ce corps étranger que j'habite, que je veux encore croire fluet, souple et diaphane comme celui de Virginia. J'enfile une robe de coton identique à la sienne. Une armure fragile de petite fille pour plus très longtemps mais qui fait illusion. Le tissu ample estompe mes contours, il gomme nos différences. Avec les cheveux en cascade sur les épaules, on croirait voir des jumelles dans le miroir. Deux oreilles d'âne poussent à mon reflet. Ma sœur me fait une farce avant de joindre le V de sa main à la mienne. Nos index et majeurs levés, ensemble à tout jamais. *W.*

Sur la pointe des pieds, nous passons devant la chambre de père. Sa caverne. Un grognement nous met en alerte ; l'un de ses pénibles gémissements d'hypocondriaque qu'il pousse à longueur de journée, pour un problème de transit, un mal de crâne, un cor au pied. Pour que sa femme accoure et le soigne.

Cela ne manque pas. Enserrée dans ses dentelles noires, maman apparaît sur le seuil de la chambre d'à côté. L'ange du foyer, toujours prête à aider. Ou pas tout à fait.

La coiffure séparée en deux par une raie au milieu – franche comme une tranchée –, ramenée sur la nuque en un chignon bas, elle est une figure impressionnante de rectitude. Maman est née à Calcutta ;

c'est peut-être pour ça qu'elle se tient toujours comme si l'armée des Indes passait en revue devant elle. Avec cette allure d'impératrice, intimidante et lointaine. La mine détachée, il faut faire semblant de rien. Sauver les apparences même si, dans son cœur, elle a abandonné son mari, ses enfants, son corps ; même si elle l'ignore.

Sauver son prochain. Maman a déjà calé un panier chargé de vieux vêtements sur son bras ; des fripes qu'elle tire d'on ne sait trop où pour quelque malheureux dépenaillé quelque part. Ses épaules entourées d'un châle d'humilité, prête à sortir pour ces bonnes œuvres qui la jettent sur les chemins jusqu'à l'heure du thé. Un noyé tiré des eaux profondes, elle repart aussitôt à la recherche d'un autre à repêcher, de sorte que nous ne la voyons jamais plus de quelques minutes dans la journée. Jamais assez. Le devoir ? Le droit surtout d'être indisponible pour ses enfants, pour son mari qui couine en pensant au volume XXVI à rédiger.

Un pet sonore se fait entendre ; la porte de l'antre et ma mère frémissent. *Julia darling ?*

Elle s'évade. Elle glisse dans les escaliers en un bruissement de soie que l'on a du mal à suivre, animée par cet instinct qui pousse dans le ventre de toutes, quoi que l'on en dise. Ce petit air qui gargouille mais qui insiste : *Sauve-toi !*

Ce n'est que devant la porte de sortie qu'elle s'arrête pour pencher sur nous le reste de sa beauté. Pour déposer à nos fronts le don frais d'un baiser. Si léger qu'il existe à peine. Une offrande de martyre dont je guette avec angoisse les signes de fatigue, l'avancée de la marche vers le crucifix. Cette femme aux fanons qui s'installent, ride après ride, trahie par sa jeunesse dispersée au gré de deux époux, sept accouchements, des centaines d'indigents. Le scandale de la vieillesse et sa promesse de détrôner cette souveraineté qui unit nos pays divisés. Du pas lent de sa voix, sa recommandation quotidienne et ordinaire, machinale, sonne déjà comme un ailleurs : *Tenez-vous droites.* Maman dresse nos corps à l'avenir périssable, le dos et le cou érigés contre ses affres ; raides, jusqu'à ce que les épaules tirent, fassent mal, comme écrasées par une presse. Son regard s'attarde sur mon buste et s'assombrit de tristesse, de compassion face à la menace proche du corset. Un éclair de mélancolie qui lui laisse échapper : *Pourquoi faut-il que tu grandisses ?*

Sa silhouette mince remonte le long des pelouses de Talland House. Un spectre de femme qui avance ; un vaisseau fantôme laissant derrière un sillage exemplaire, une maison en ordre, une vie rangée. Une vie usée. À l'angle d'une allée, sa grâce austère fait halte pour redresser un dahlia et disparaît.

Nous fixons un moment, pensives, cet endroit où elle n'est plus. Nulle vie ne s'élève au-dessus de l'herbe, puis une brise légère s'y déverse. La destinée courbant chaque tige.

Allons voir s'il y a du pain et de la confiture à la cuisine. Virginia esquisse un sourire forcé, je l'imite. J'essaie aussi de calquer sa démarche agaçante – sautillante – qui me précède dans le couloir ; j'en saisis enfin le tempo quand une fausse note arrête net mes singeries minables devant le salon. Le bruit émaillé d'une bassine renversée.

C'est la nouvelle bonne, une fille à dents de cheval qui avale la fin des mots en un accent ignoble.

Qui déplace tout malgré les écriteaux que je colle sur mes affaires : *Please do not* TOUCH*!*

Là, je n'en vois que les fesses. Une chanson paysanne et nasillarde semble s'élever de son derrière qui s'agite, pliée comme elle est à frotter avec un zèle inouï l'angle de la cheminée. Un recoin oublié au-dessus du saut à charbon, perdu entre les fauteuils massifs. Du moins, c'est ce que je pensais quand j'y avais fait la marque. La première année à St Ives. L'un de ces cultes secrets et rassurants que l'on s'invente enfant ; un dessin sur le mur pour fixer la rapidité de la vie. Un signe à retrouver chaque année qui, sous l'éclairage des flammes, apparaissait, disparaissait ; auquel j'aimais adresser des saluts discrets. Quelque chose d'imperceptible et d'indéterminé comme une tache d'humidité – entre la coquille d'escargot, la rose et l'arabesque – pour ne pas se faire choper.

Petite je dessinais partout, avec tout. Par terre, sur les portes, sous la table. Une fois, j'avais gravé un cœur blanc dans une boiserie foncée, juste à hauteur de mon nez. Inutile d'accuser Virginia qui marchait à peine ; j'avais quand même essayé. Père m'avait laissée devant jusqu'à la nuit tombée, debout pendant des heures pour me corriger : *Méchante, affreuse, dégoûtante fille !* C'est à ce moment-là, je crois, que j'ai appris à dessiner dans ma tête. Sans support, seule ou entourée, tout le temps. Les pupilles qui tressautent suivant l'aiguille d'une boussole intérieure plus affranchie que le vent.

Après l'épisode du cœur et de sa punition, on m'avait donné des craies. Une activité facile à nettoyer. De grands traits éphémères comme des queues de comètes que les parents regardaient satisfaits, attribuant leur mérite à la nuance choisie, à l'objet lui-même. Refusant d'y voir un éclat de magie animé par ma main encore potelée mais déjà assurée. Une capacité à vaincre qui ne venait que de moi. De l'art, un acte sacré qui ne s'efface pas. La seule certitude de ne jamais disparaître.

L'horloge tinte. Le temps rumine son éternel complot et me rappelle à l'ordre. Rien ne m'appartient. Rien ne sert de croire aux couleurs et aux bienfaits de l'aube. On oublie qu'un peu plus loin, vers la courbure des heures, l'explosion fugace ne laissera aucune trace de nos vies consumées. Sans cette marque sur le mur, le monde est nu, irrespirable. Je n'ai jamais existé.

Cette souffrance.

Alors je m'élance la tête baissée dans l'air cru d'un nouveau monde, inconnu et hostile. Celui de l'âge adulte. Je n'attends pas Virginia qui crie derrière moi, la bouche pleine : *Mais quelle mouche te pique ? Où vas-tu ?*

Je cours au-delà du jardin, de la frontière du terrain de cricket où battes et balles jonchent le sol, abandonnées. Les jeux de la veille ne me regardent plus.

Je cours sous le ciel de ce matin déjà trop vieux, à contretemps du son des cloches qui carillonnent. À contre-courant du cortège des nuages rapides, des derniers jours identiques et intenses de l'enfance.

Des mûres de chaque côté, des mûres partout. Une allée de ronces aiguisées comme des crochets. Le visage griffé, la robe déchirée, je m'en fiche ! Ce qui compte c'est d'arriver de l'autre côté. Là où la Nature devient losanges de prés, aplats de clairières, arbres, fleurs. Devenir des leurs, renaître sauvage avec tout ce qui me manque, l'audace de l'asphodèle, la longévité du chêne.

Mais Virginia est sur mes talons, elle me rattrape. À mon oreille l'haleine atroce, haletante, de sa respiration. Encore une fois, c'est ma sœur qui gagne. Une racine me fait trébucher, ou peut-être son pied, et je tombe. Toujours aussi lourde, toujours aussi laide. Au-dessus de moi, il n'y a plus que son visage rouge de triomphe à travers mes larmes. Ses doigts ont cueilli l'asphodèle et me le tendent : *Les Grecs l'utilisaient pour fleurir leurs tombes.*

Je les repousse. Il me reste le chêne pour reprendre le duel. Dans les branches longées de feuilles, ouvertes vers l'au-delà, je l'ai vue en premier ; cette chose ronde et dorée contre l'ombrage, comme un plafond où brille une seule étoile. Mes bras sont plus grands, plus forts ; je grimpe mieux que Virginia. Le trésor est à moi. Je redescends avec précaution, le poing fermé, serré contre ma poitrine.

Un baiser tendre dans mon cou, un sur ma joue ; ma sœur me cajole pour que je le lui donne mais, cette fois, je ne céderai pas. Je crie : *C'est pour Thoby !* Les chatouilles pour que j'écarte les doigts se changent en morsures, en coups. Puis, soudain, sa verve terrible me fait rendre les armes : *Méchante, affreuse, dégoûtante fille !* Je dépose la chrysalide à ses pieds.

Vivons-nous pour mourir ou ne mourrons-nous que pour renaître ? Personne encore ne le sait. Virginia déchire l'enveloppe fragile avec une cruauté d'entomologiste ; elle joue avec les ailes froissées.

Tuées. Ses iris plantés dans les miens, elle me regarde la détester. Je crache : *Pourquoi tu es mauvaise ?* Sa voix est calme : *Parce que je n'ai pas le choix.*

Ma sœur me donne une leçon ; elle m'explique comment être libre. Comment ne pas être une victime. Et je m'en souviendrai.

Je m'en souviendrai quand il faudra me venger.

À bonne distance l'une de l'autre, nous marchons en silence vers la fin de la terre. Ses derniers doigts noueux ne se crispent plus sur rien et disparaissent dans l'eau en phalanges de roche noire. Des crêtes compactes, bordées de trèfles et de clochettes. Des falaises qui s'ouvrent comme un promontoire sur la mer. La puissance avec laquelle elle étire l'horizon jusqu'à ce que l'azur du ciel devienne blanc, comme si elle avait aspiré et possédé sa couleur. Un monochrome qui fait se demander où commence cette ligne et ce qu'il y a après. Sépare-t-elle hier et demain ? Est-elle droite, assez solide pour Virginia et moi ? Deux funambules qui s'y tiennent en équilibre, chacune à une extrémité. C'est facile. C'est le centre du fil qui est dangereux. Inaccessible.

Le jour inoffensif devient hostile ; la nuée arrive et ouvre dans le bleu large des fissures. Elles balafrent le soleil, estompent son contour. Maintenant, on dirait l'une de ces piécettes égarées dans les galets, retrouvée longtemps après, émoussée et polie. Elle flotte attachée aux coques de bois des bateaux. Des voiliers qui voguent inclinés dans une fugue vers le phare. Cette pauvre tour dont on fait des légendes, des tas d'histoires, mais qui ne sait qu'indiquer le nord. Il n'y a pas de refuge.

La main de Virginia se glisse dans la mienne. Ma sœur veut faire la paix, comme si de rien n'était. Elle siffle : *Allons jouer à Ophélie.*

Les chardons pour sentier, nous traversons ce paysage sans toit où l'espace se délie, voué à l'oubli. Une plage comme ici-bas où laisser ses souliers et frissonner sous les mille langues des vagues.

Entendez-vous leurs grandes voix ? Elles appellent ; elles lèchent nos pieds nus, claquent de nervosité à l'idée de nous posséder. Écumantes de la soif d'emporter nos robes, de les faire d'absence et d'ivoire.

D'abord l'eau transperce, puis se fait douce comme un berceau. La mort doit prendre comme ça. Une image, rien qu'une image. Une illusion qu'il faut sentir pour la croire enfin réelle. Pareille à la mer qui, autour de nous, s'étend telle une forêt autour d'un château fort. À côté, la plage dérive et nous flottons sur le dos toutes habillées ; des méduses piégées dans le ressac qui joignent leurs mains et commencent à ramer. Sur ce mouvement de balancier, Virginia entonne un refrain familier :

Row, row, row your boat,
Gently down the stream.
Merrily, merrily, merrily, merrily,
Life is but a dream.

Un chant envoûtant de sirène qui fugue dans le courant. Qui dit le mirage de la vie et de l'enfance qui vieillit. Une formule qui nous transforme en cette bête ancienne à deux têtes de gorgone ; une hydre qui lutte pour rester soudée malgré la houle. Les bras en croix d'une monstrueuse étoile sous un ciel saturé. Un *W* de sel qui vogue au-dessus, qui vogue au-dedans. Porté comme le roulis porte, soulevé aux entrailles parmi les vagues qui se suivent et se poursuivent, perpétuellement.

Grandir et se retirer, devenir cette onde verte d'abysse, verte de froid, qui se rassemble et bascule et retombe. L'infini. Devenir *Ophélie*, ce tableau de John Everett Millais que nous ne connaissons qu'en gravure noir et blanc. Parce que père ne nous amène jamais voir d'exposition ; il n'y voit pas d'intérêt. Comme dans cette jeunesse d'alpiniste qui fut sienne et qui ne le vit jamais descendre des montagnes pour visiter la moindre galerie italienne : *Pour quoi faire ?* Et maman qui promet et, toujours, se parjure : *Oui, bien sûr, si j'ai le temps… demain.*

Comment vivre avec tant d'incompréhension et d'injustice, d'absurdité ? Quelle solution ? Se foutre à la baille comme cette crétine ? Se laisser noyer les yeux écarquillés avec les cheveux en joli halo derrière ? Finir vierge de pitié ?

Virginia braille de plus en plus fort. Elle crie maintenant. Elle voudrait que je reprenne son couplet en canon : *Chante, Vanessa !*

Non ! Vers moi, toutes les gouttes de l'aube et du crépuscule viennent, les bouches féroces des fleuves, la rancune de la rosée. Je n'ai presque rien à faire, juste tirer sur sa robe et enfoncer sa tête sous l'eau. Une surprise. Tenir jusqu'à ce que Virginia comprenne que j'ai fini de jouer, et appuyer un peu plus. Il faut de la décision pour éteindre quelqu'un, pour vivre comme pour mourir. Mais c'est sans compter la douleur.

Ce mal aveuglant qui déchire soudain mes reins et me fait lâcher prise. Une nausée effroyable, le harpon impitoyable du temps planté dans ma chair. Il me rejette sur le sable. Ma sœur me rejoint bientôt. Suffocante et exsangue, elle se colle à moi. À mes vêtements mouillés ; des ailes écorchées de papillon, visqueuses et misérables. Ma chrysalide a cédé.

Le vent se lève et balaie les nuages. Dans un ciel à nouveau serein, le soleil réapparaît. Sa face de monnaie me nargue ; elle n'échangera plus de jours à ajouter à ma vie. De répit. Entre mes cuisses, son faisceau brûlant attise la fleur rouge. Cette tache qui me rappelle le coup du sort, le côté duquel je suis tombée. Plus possible de se cacher, comme dans un tableau illuminé en son centre par un projecteur violent, révélant le fond de l'abîme, la jeune fille terrifiée. La morte. Le corps blanc de l'assassinée.

L'éclipse du visage de Virginia obscurcit ce rayon brut. Ma sœur, mon soleil noir. L'autre côté de la pièce, le prix à payer. Sorcière pâle aux cheveux d'algues qui caresse ma joue ; un geste d'amour qui trace sur moi une trêve ou un départ en guerre. Une gentille fille qui s'efforce d'être méchante, une méchante fille qui s'efforce d'être gentille. Des rôles qui, au fil des années, s'inverseront puis s'échangeront à nouveau. Jusqu'à ce que nous arrivions à accepter notre nature double. Dieu et son ennemi ; Janus aux principes opposés qui sommeillent en chacune de nous. La lumière et l'obscurité.

Virginia rit : *Merrily, merrily, merrily, merrily, Life is but a dream.* Elle dépose un baiser sur mes lèvres. Elle m'embrasse, ouvre une porte vers l'ailleurs. Nous échangeons ce qui reste de nos souffles, du goût tiède de cette saison évanouie. Déjà corrompue.

Ma sœur, l'ange de l'Annonciation. Du futur. De la catastrophe de la passion. Du grandiose désir.

Au creux de mon oreille, cette promesse au murmure de pythie. L'augure du commencement de notre roman : *Tu n'as plus le choix.*

Des photos déchirées de Laura, il y en a sûrement eu des tas.

Laura Makepeace Thackeray, c'était la fille attardée de Leslie Stephen.

Une honte issue de son premier mariage. Une infamie à qui Sir Leslie refusait son affection avec son nom.

Laura Stephen ne devait pas exister, alors pourquoi ne pas détruire jusqu'à son image ? Jusqu'à cette impression muette qui est parfois l'unique trace d'une histoire perdue. Ce qui manque à la vérité pour être racontée.

Un seul portrait de Laura a survécu.

Non, pas celui où elle apparaît bébé, ça ne montre rien un nourrisson enrubanné.

Ça ne montre pas Laura avec son nez épaté, ses yeux trop écartés, son front trop grand qui fait horreur à maman. Ça ne montre pas Laura moquée, Laura chahutée, Laura tripotée par ses demi-frères Duckworth. Laura secouée de larmes, se frappant avec les poings, se taillant en pièces sans personne pour la recoller. Sans personne pour l'aider à table quand elle s'étouffe sur sa viande, quand elle crache sur la nappe.

Les regards dégoûtés, gênés quand elle hoquette : *Boys. Bed. Family.*

George et Gerald qui ricanent : *Encore une vision de la Dame du Lac.*

Une vision obstinée, répétée en un cri, hurlée tard dans la nuit : *Boys! Bed! Family!*

Ça suffit !

La Dame du Lac disparaît comme si de rien n'était, envoyée un matin à Avalon sans explication ni droit d'en demander : *Father knows best.*

Le nom de l'île, c'est l'asile d'Earlswood.

À l'époque *The Asylum for Idiots* précise Wikipédia.

Il vient de là, le seul portrait de Laura.

Laura séparée de Virginia, Stella et Vanessa.

Les bonnes sœurs moins la mauvaise. Les autres filles qui savent désormais à quoi s'en tenir. Il faut se tenir à carreau, il faut se tenir comme il faut, sinon…

Tenir, tenir, tenir !

Ne pas dépasser du cadrage resserré dans le nouvel album de famille.

Ne pas déborder des montages rapiécés pour faire oublier la béance, le trou laissé par l'absence. Des ravaudages comme celui que je contemple, hypnotisée par leurs trois portraits alignés. Leurs trois robes à cols enfermés, leurs trois chignons sages. Une sorte de copier-coller, une épure à l'idée bornée. Celle de la beauté déclinée sans fausse note ni tache ; Virginia de trois quarts, Stella de profil, gracile, et Vanessa frontale.

Vanessa a la même posture que sa sœur bannie.

Les mêmes yeux sans paupières des figures de pierres, des chats prêts à bondir. Des yeux décidés à regarder, que l'on écarquille dans l'eau comme dans l'obscurité, qui inspectent l'intérieur des secrets, une série d'images se dérouler.

Les mêmes images, toujours les mêmes.

Ces choses que nous avons vues et qui nous brûlent, qui roulent les enfants en boule et les font appeler : *La Dame du Lac apparaît !*

Ces choses qui font écrire, errer dans des lieux que l'on n'a jamais habités et que pourtant on reconnaît, convoquée par un fantôme familier.

Le fantôme de Laura.

Quelque part dans les jardins voisins de Kensington, un orgue de barbarie joue Offenbach. Il grince l'aria d'Olympia ; sa chanson gentille qui parle d'oiseaux dans la charmille, d'amour à la jeune fille.

Une rengaine déglinguée comme la pendule sur le manteau de cheminée qui sonne en décalé. Deux minutes après le glas de Big Ben, toujours deux minutes après. Sir Leslie refuse de la faire régler, c'est lui qui a raison. Le temps et son ennui s'en trouvent ainsi doublés, trop lents à s'écouler dans cette heure du thé qui chaque jour se répète et s'étire. Sans fin. Un goûter de Chapelier fou qui donne envie à Vanessa de renverser le service en porcelaine harmonieusement disposé sur la table basse. Une domestique entre dans le salon ; on dirait un automate. En un geste précis et découpé, elle déplie un bras, une main empesée. Une assiette de *shortbreads* s'ajoute au milieu des tasses, tout est prêt. La pantomime peut commencer. Le jeu des apparences et de leur impossible traversée.

Vanessa écoute son père grogner dans la bibliothèque à l'étage. Les bruits de la maison, studieux et solennels, paraissent amplifiés, tandis que ceux de l'extérieur lui parviennent étouffés. Elle aimerait sortir pour vérifier que le monde est bien là. Entre les leçons et les visites, elle est restée enfermée toute la journée. Mais sortir, au fond, à quoi bon ? À quoi servent les fenêtres qui percent les vastes murailles des demeures de Hyde Park Gate ? Des vitres qui n'offrent aucun visage d'enfant, qui n'ouvrent sur rien. Ni perspective ni lointain. Dehors, l'automne est allongé comme un cadavre, couché de toutes ses feuilles. Bientôt la Tamise sera gelée. Et la langueur mord aux flancs du numéro 22 ; un palais gothique tapissé de rouge et de noir, éclairé à la bougie. Calfeutré de tentures, assombri de velours et de drapés entre lesquels se tenir nue avec sa peur.

Même pas Dieu pour la sauver, ses parents l'ont renié. Leslie Stephen était devenu agnostique à la fin du séminaire mais, de l'expérience monastique, il avait gardé l'allure d'un prophète et la verve pour séduire les brebis égarées. Pour raconter que les rebelles sont les seuls vrais croyants puisque Christ est la rébellion même. Le genre de tautologie, de connerie avec laquelle il avait conquis Julia. Femme furieuse qui avait envoyé promener la religion à la mort d'Herbert, son premier mari. Leslie Stephen aurait préféré qu'elle renonçât à Jésus par amour pour lui et, quand il y pensait, la jalousie lui donnait des aigreurs d'estomac. Un tord-boyaux de rage comme le Earl Grey à Vanessa. Cette saleté qu'elle regarde Julia verser. Sa mère qui lui répète à tue-tête de se tenir droite, ça aussi ça met en colère Vanessa. Mollement, elle se redresse sur sa chaise et elle se dit que c'est au moins ça de gagné. Ou plutôt de perdu. Dieu. La seule convention avec laquelle on ne l'emmerde pas dans cette baraque. Parce que si Jésus est mort pour les péchés d'autrui, qui va racheter les siens ? Qui pour soutenir sa vocation, sa foi ? Ne faut-il pas être appelée ou élue pour devenir artiste ? Au 22 Hyde Park Gate, il faut vivre seule avec ses déchirures et ses questionnements.

Tennyson, Wordsworth, Scott, Meredith et surtout Shakespeare y avaient remplacé la Bible. Cette semaine, Leslie Stephen leur lit chaque soir des passages d'*Othello* qu'il faut ensuite commenter à tour de rôle. Naturellement, son père l'engueule si elle ne partage pas son avis ; si elle préfère l'insipide Desdémone au fascinant Iago. Aussi, quand Vanessa s'était aventurée dans la bibliothèque tout à l'heure pour lui demander un exemplaire du *Roi Lear*, Leslie lui avait plutôt conseillé *Le Songe d'une nuit d'été*. De braves histoires d'elfes et de fées, de potion qui s'en mêle. Évidemment. Mais Vanessa avait insisté et Leslie l'avait considérée avec ses yeux sceptiques. Longtemps. Hésitant avant de quitter son putain de bureau, de se diriger vers l'étagère pour saisir la tranche dorée. Pour la lui tendre, la retenir un peu avant de la lâcher. Finalement. Peut-être qu'elle comprend ?

Oui, Vanessa comprend que les personnages féminins meurent toujours deux fois, maudites par le sort et par leur père. Ou vice versa. Et elle comprend qu'à ce compte-là, il vaut mieux jouer le rôle de Goneril ou Regan que Desdémone pour, au moins, tenter de prendre la couronne. Alors, entre les pages de cette tragédie païenne, Vanessa glisse des feuilles pour crayonner discrètement sa parentèle, son voisinage. Ce défilé au visage cireux de poupée mécanique. Un cortège d'Olympia à la voix incolore et forcée, sans âme, qui ne sait répondre que des *oui oui* de convenance en buvant la tasse.

Ne pas avoir de lieu à soi. Un refuge où se retirer et travailler en paix. Sa chambre, Vanessa n'est autorisée à y rester que quelques jours par mois à cause de ses menstruations. Une ostentation de son sexe qui augmente encore la menace de ses demi-frères. Des douleurs tellement fortes qu'elles l'empêchent de dessiner et amènent régulièrement le Dr Savage à son chevet. Encore un qui touche Vanessa, qui la palpe sans demander ; elle voudrait placer un écriteau sur son ventre. *Please do not* TOUCH*!* Alors, la dernière fois, c'était elle qui avait demandé. Si c'était à cause de *ça* qu'elle avait mal. À cause de tous ceux qui la tâtent, la manipulent, la molestent ; à cause de George et Gerald. Le médecin s'était assis au bord du lit, interdit. Tout juste avait-il osé effleurer son front pour vérifier si elle avait de la fièvre. Si elle hallucinait.

Et une terreur encore plus grande que celle *des autres* avait tremblé en Vanessa. Celle de finir comme Laura. Les folles, les trop gênantes, Barbe Bleue les enferme quelque part puis jette la clé. Satisfait de son silence, Dr Savage s'était relevé en lui tapotant la main. Plus besoin d'en parler, c'est bien. Néanmoins, les assauts de George et Gerald avaient cessé. Un armistice pour son corps qui veut fleurir comme une branche, porter ses fruits, mais doit endurer le gel ; l'imagination enfouie dans cette ruche bruyante de dards menaçants. Une fourmilière où grouillent sept servantes au sous-sol, neuf parents aux étages, parfois autant d'invités. Un essaim où Vanessa se sent rétrécir dans une chaîne inhumaine, se recroqueville en attendant que passe et l'éprouve le temps. En méditant cette phrase au-dessus de sa mère qu'elle esquisse ; la seule leçon à tirer du vieux

Lear, ce roi enfant, orgueilleux, fou d'égoïsme : *"Ciel, accorde-moi la patience ; c'est de patience que j'ai besoin !"* Aujourd'hui, Julia a repris sa place de meneuse du ballet morbide. Une chorégraphie où les gestes à répéter cachent de sournoises subtilités pour ne pas embrouiller ses fils de marionnettes. Hier, un faux pas avait tout fichu par terre. Jack Hills, le prétendant le plus assidu de Stella, était venu faire sa cour. Un grand dadais insipide rencontré lors de l'un de ces cotillons organisés pour garantir la reproduction des rejetons de la bonne société. Comme il se doit. Maman avait demandé à Stella de servir le thé. Sa fille aussi ravissante qu'elle autrefois. Vanessa éprouve toujours un malaise à les regarder assises côte à côte. Leurs profils enchâssés d'Agrippine. La jeune et la vieille ; le destin de l'une et la ruine de l'autre.

Contempler Stella, c'est voir les portraits de Julia s'animer. Ces photographies, ces tableaux – les rares dont Vanessa peut étudier la touche – qui décorent les murs de la maison. Partout. Sa peau rose, ses cheveux roux. Des reliques du temps où elle était *belle*, mais le mot n'adhère plus complètement. L'image ne colle plus bien, elle rebique aux coins. Aux coins de sa peau épaissie de silence, de ses tempes grises, du souvenir d'Herbert. Une époque dont sa mère porte encore le deuil ; dans une antichambre, il y a même ce tirage accroché où elle pose étendue sur la tombe de son ancien amant. Julia est pour toujours Mrs Duckworth, pour toujours habillée en noir. De quoi renchérir la haine pour l'art de Leslie qui ne l'avait possédée que déjà fanée.

De quoi donner envie à Vanessa de rompre avec ce modèle préraphaélite, figé et surjoué ; d'aller vers l'image d'une femme plus intime, plus forte, plus vraie. De saisir ce moment où Stella, le dos bien trop droit, laisse échapper la théière. L'interstice dans lequel glisser son ongle pour déchirer l'image. Pour faire exploser la porcelaine et voir surgir un mauvais génie. Une femme outrancièrement laide, émaciée, aux yeux enfoncés dans leurs orbites. Une face de rapace, pleine de contes de mort. Julia toujours soucieuse de ne rien montrer d'elle, de ses sentiments, de ses défauts, chavirant soudain dans une mer de bile. La route du sang revenu dans sa bouche qui déforme son sourire, qui crache *vieille vache*. L'insulte absurde d'une mère qui veut salir sa fille de sa propre tache. Qui reprend, qui dévore. Saturne qui fixe son enfant à genoux, ramassant les morceaux tête basse.

Ce soir, tout paraît calme, remis en ordre. Mais la tempête frissonne encore à la surface de Julia. Ça ne se retire jamais tout à fait, la colère. Pour mieux renaître, il lui faut se lover dans de très petites choses ; se tapir comme une charogne sous un tas de branches mortes. Asséchée, rabougrie, ignorée pendant des saisons entières, peut-être, à lécher l'eau croupie du puits amer qui plisse son masque de douairière entre ses sourcils argent. Jusqu'à ce que Julia entende à nouveau crailler la corneille en elle. Son bec caquetant d'envie dans le tintement trop clair de sa cuillère qui touille le nuage de lait. Elle tarde à la reposer, raclant le liseré doré de sa coupelle comme d'autres flirteraient avec le bord d'un précipice. Happée par ce tourbillon de fond du gouffre.

Virginia réussit à l'en détourner. *Sa petite chèvre* sait comment la faire sourire. Julia aime sa cadette comme on aime férocement la part perdue de soi-même, celle dont on s'est amputée pour se marier, pour devenir mère. La part du soleil et des années à venir.

Celle avec laquelle elle lit à Violet Dickinson – l'une de ses camarades de charité – des extraits du dernier *Hyde Park Gate News*. Des chroniques de la vie courante dans lesquelles Virginia vit sa première extase d'auteure. Des histoires de pauvre veuve élevant ses fils, de chevauchée embourbée ou d'étoile de minuit égarée qu'elle signe d'un seul *V*. Plus question de joindre ses doigts à ceux de Vanessa, de signer d'un *W*, de partager. L'autre moitié s'était envolée jusqu'au marché de Covent Garden et il s'était posé sur la main du garçon qui vend le poisson à la criée. Ce garçon que Virginia aimait regarder quand il brandissait son index et son majeur contre la concurrence des autres étals. Un défi lancé à tous, surtout à sa sœur.

Si le journal avait été, au départ, une affaire familiale à laquelle les autres enfants pouvaient participer, il était très vite devenu le terrain d'expression exclusif de Virginia. Une chasse gardée dans laquelle s'affirmer, clamer son être avec cette ivresse jalouse qui caractérise chaque créateur. Une avidité qui fait vibrer la peau comme le bois d'un violon sur lequel on joue ; qui met le monde à l'écart et le tait, avant de le convoquer pour être admirée. Pour faire trace et sens, renouveler sa naissance en rompant avec les habitudes, le milieu imposé.

Une existence à ras du sol dans laquelle Virginia l'abandonne. Elle, Vanessa qui se tasse sur son siège et se renfrogne. Se replie sur son dessein secret, pour tenter d'ignorer sa sœur cueillant les compliments autour de la table basse. Cette peste en rajoute, demande à Violet de répéter son *bravissima* pour la faire bisquer. Elle virevolte si près que Vanessa – concentrée sur le détail d'une oreille à ourler – ne saisit pas tout de suite le danger en la sentant approcher. Trop tard. La feuille est déjà arrachée, exhibée sous le nez de Julia.

Plus la peine de se cacher.

Je ne suis pas née un matin de mai.

Je suis née exactement en cet instant, dans cette pièce sombre où l'on n'entend plus que les tasses frémir dans leurs soucoupes.

J'apparais en même temps que ma mère dans ce visage de noyée, dans l'intimité inclinée de nos mines de plomb. Nous nous dévoilons l'une à l'autre. Un face-à-face qui fait retenir son souffle à la petite assistance, fige les *oui oui* et les *tic tac*, le moindre mouvement. Tout dans le salon semble guetter la rage de Julia qui monte ; elle colore ses lèvres dures et pâles, en ouvre lentement le métal : *C'est moi ?*

Ses larmes m'interrogent. Droit dans les yeux, ma mère me découvre en même temps qu'elle se voit. Ce temps qui, comme une eau certaine, aiguise son menton, creuse ses joues, cultive l'ombre sous son regard bas. Sur ses épaules. L'imperceptible lassitude qui grandit à son front érigé pèse sur la dignité de son cou. Le poids de son âme prisonnière d'un chignon serré et lourd.

Une sorte d'admiration, de crainte lui fait chevroter la voix. Un respect pour qui peut enfanter l'autre. Ma mère m'autorise, me cède ce pouvoir. Celui de mettre au monde. Celui de l'art.

Le seul endroit possible. Pas un territoire géographique mais une identité. Un lieu à moi. Partout en dedans, partout autour. Entêtant l'air invisible d'un parfum délicat.

Quelque chose que Virginia ne pourra pas me prendre et qu'elle m'envie pour la première fois. Trahie par ce sourire affiché qu'elle voudrait détaché. Ma sœur n'a pas seulement manqué son coup, elle m'a armée contre elle. Je me redresse sur ma chaise, je ne me suis jamais tenue si droite.

C'est moi. Dans une présence prête à traverser les Enfers. Un surgissement qui fait cette promesse nouvelle : *J'irai prendre ce qui est trop haut, trop grand pour toi.*

Des rires emmêlés de pas précipités font soudain irruption dans la scène. Immédiatement, nos figures s'ajustent. Les rôles se recomposent et la pantomime reprend sur un faux air de carnaval. Un peu de joie pour le week-end. Adrian et Thoby sont de retour.

Ces deux-là reviennent toujours de leurs cours comme des prisonniers en permission, avant de repartir avec des têtes de veaux menés à l'abattoir. Une attitude incompréhensible, intolérable pour Virginia et moi qui n'avons pas la chance de recevoir une vraie éducation. Celle qui compte. Celle qui fait devenir ministre, général, doyen d'université. Important et respecté. Indépendant. Le destin des hommes Stephen, séparé du nôtre qui attend. Nous qui voudrions tant la compétition, les grossièretés, l'argot ; ces jeux de balles auxquels nous les écrasons à Talland House. Mais, misérables moineaux, nous voletons autour d'eux pour grappiller quelques restes. Adrian fait le mystérieux, fier de nous refuser ce qu'il pense avoir conquis de droit. Virginia lui griffe la main, avant de se poser à côté de Thoby. De bonne grâce, celui-ci partage le latin, le grec, les derniers potins, les meilleures blagues. Impatiente, je piaffe. D'un coup de bec, je la pousse pour qu'il me dise l'histoire de l'art.

Et nous ?

Ces voix chagrines qui nous roucoulent dans le dos me glacent. *Les autres* sont là. Gourmands de ce spectacle navrant, offert par deux filles qui se chamaillent l'attention d'un garçon. Leurs babines retroussées dévoilent leurs grandes dents. Elles scintillent comme choses ensoleillées. Des sourires de carnage.

À la vue de George, maman s'allume comme une flamme : *Ma joie !* Virginia court se pendre au bras de Gerald. Ces hommes pleins d'allant, qui ressemblent tellement à ce merveilleux Herbert dont ils sont les fils et auquel ma sœur rêve souvent en même temps que maman. Une lubie de gamine qui veut croire au prince charmant ou qui espère que sa mère a été heureuse. Qu'un jour, la vie a donné quand elle n'a fait que prendre.

En s'asseyant près d'elle, George remarque le portrait tombé à ses pieds. Je me crispe en le regardant le ramasser, le toucher ; le salir. Je n'y tiens pas. D'un bond, je me lève pour le reprendre. George rit en esquivant. Il retient mon poignet, jauge mes presque seize ans avec ses yeux de trente. Devant maman, devant tout le monde. Il demande un baiser en échange de mon *enfantillage*, puis un autre encore pour son cadeau de chez Mrs Young. Une robe de débutante. De pouliche à dresser, à faire tournoyer dans le manège des salons mondains. À mener au mâle. Ma mère fronce les sourcils en me voyant me cabrer : *Ne fais pas l'ingrate !*

Les paroles dites sont toujours alourdies de celles que l'on tait. Elles deviennent trahison. L'assassin est beau comme un mirage ; aveuglée de ses sables, maman ne veut pas voir. Alors personne ne voit. Je m'exécute quand tout l'accuse. Les rideaux marqués par ses épaules, les miroirs par son visage. Ils retiennent sa mauvaise odeur ; son exhalaison qui me donne un haut-le-cœur quand mes lèvres effleurent ses joues. Une puanteur que je décèle dans le corridor, dans ma chambre. Elle me pénètre, m'entre par la bouche dans ses rondes de voleur. La lumière n'avoue jamais. Toujours le soleil se lève, indifférent au malheur de mes nuits condamnées. À sa posture sans honte, à ses coudes de costume plissés sur ses jambes croisées. Ses défroques viriles qui font déguerpir Violet. Cette vieille fille à la stature de colosse qui fuit cette chose indéfinissable ; cette atmosphère frelatée. Un trouble, une violence difficile à saisir mais qui forme pourtant notre lie à toutes.

La pendule sur le manteau de cheminée sonne en décalé. Deux minutes après le glas de Big Ben, toujours deux minutes après. On entend les portes de la bibliothèque s'ouvrir en grand ; le fracas de père qui sort de sa tanière. Comme le coucou, impérieux et répétitif depuis son petit perron, il annonce à la maison : *Dîner !* Chaque soir pareil, ce même intermède abîmé.

George caresse le creux de ma main avant d'y déposer le dessin. Je le remets à l'abri dans le livre et j'essuie ma paume sur la sentence, ma tirade : *"Ciel, accorde-moi la patience ; c'est de patience que j'ai besoin !"*

Autour de la table, notre famille décomposée est au complet. Ces étrangers que le hasard m'a donnés pour foyer. Que je regarde mastiquer. Mon père mâche avec les dents de devant. Il déglutit avec un bruit horripilant qu'aucun bavardage ne recouvre, puisque aucune discussion frivole n'est tolérée ; si ce n'est la mise au jour de son transit : *Je n'y suis toujours pas allé, Julia darling !* Maman prend son air convenu et navré en lui ôtant une miette de sa barbe. Le dégoût me fait plonger dans mon assiette.

Tiens-toi droite, Vanessa !

La nuit ascétique suit le repas frugal. Juste en dessous de ma chambre, l'estomac de mon père s'endort léger, tandis que l'obscurité devient plus sombre autour de mon lit. Tandis que j'écoute, seule avec le soir, mon violeur monter vers moi. La couverture pèse comme un couvercle sur mes pensées. Elles grincent avec le parquet de mon palier, avec les gonds de ma porte. La peur du loup me saisit la gorge ; celle des spectres qui vacillent parmi les ombres. Celle de George. Mais c'est Virginia qui entre et se colle à moi. Elle tremble. Elle parle déjà.

Elle n'attend pas *les mots* de formule magique ou d'avoir réchauffé ses pieds froids pour raconter cette histoire que je sais. Ces phrases syncopées qui s'arriment à mon oreille pour y charrier l'hérésie, qui renoncent au refrain de tout ce qui se dit. Qui renient l'interdit : *Gerald a visité mes parties intimes.*

Pendant qu'Othello étranglait Desdémone, dans le couloir. Alors que la voix de papa lisait, Gerald la hissait sur la console face au grand miroir. Les corniches dorées, richement sculptées. Un cadre irréel de tableau ; les jupes relevées sur ses cuisses grêles et luisantes dans le reflet moucheté. Ça ressemblait à des lentilles d'eau sur un étang, à de la moisissure sur un fruit glissant de crachats. Les yeux écarquillés d'Ophélie, le rire bête d'Olympia sous ses doigts. Des tentacules qui fouillaient vite et sans ménagement, qui accéléraient les battements du cœur mais pas joyeusement.

Tais-toi !

L'écouter dire signifie que les monstres sont vrais, que nous sommes désormais deux femmes parce que l'on sait. Nous devenons dans des crocs qui agrippent, dans des pièces où trop de choses se passent ; en fixant la porte par laquelle on ne peut pas encore partir. En guettant dans les poches de nos geôliers le cliquetis des clés à dérober.

J'en voulais au silence. Entre ces draps vaseux qui stagnent, je me croyais fichée comme l'Innocence, mais la parole aussi m'a abusée ; elle a détourné *les autres* de moi. En parlant au Dr Savage, c'est moi qui ai levé le majeur, c'est moi qui ai pointé l'index. Je leur ai désigné Virginia.

La tête sous l'oreiller, je voudrais étouffer de remords.

Je l'entends ouvrir la fenêtre. Je me jette hors du lit, je la saisis par la taille. Je la ceinture de remparts, de promesses d'autres nuits loquaces. De la protéger contre eux.

Big Ben carillonne une note nouvelle et le temps fend la lune comme une noix. Dans son clair-obscur, une brume descend sur nous par-dessus les toits ; une enveloppe pour nos serments et nos bras.

Maintenant, ma sœur rêve. Je regarde la petite fille en elle qui se débat. Elle ne vivra plus que dans des souvenirs et c'est peut-être pire que la mort elle-même ; cette disparition de la personne qu'enfant nous avons été.

Le rêve la harcèle. Lui n'a pas de doigts mais des poings qui cognent pour achever ses treize ans, sa part immortelle. Je serre ma sœur. Je contiens sa fragrance moite de chair profanée, ses cheveux et sa sagesse qui ont poussé, qui ne croient plus aux légendes ni aux contes. Un corps-à-corps désespéré entre nos ailes alourdies de leurs regards, du toucher des hommes.

Nos corps salis, meurtris, aimés, haïs. Nos corps célestes, sacrilèges et splendides, se métamorphosent. Ils luttent ensemble, ils tremblent, ils crient. Ils disent la chute, tout ce qu'il reste. Tout ce que l'on a. La seule chose à sauver, la seule vérité qui ne s'effacera pas. Celle de toi contre moi.

Virginia cesse de s'agiter, tous ses membres se relâchent puis se rendent. Et je frôle ses lèvres en chuchotant : *À ton tour de perdre le royaume.*

Il n'y avait pas beaucoup de livres chez nous mais il y avait celui-là, *Le Langage des fleurs du temps jadis*. Un cadeau offert par ma tante ; la sœur de ma mère qui, après son divorce, avait réussi à nager de l'autre côté du rivage d'où elle nous envoyait souvent des bouées de sauvetage. Tel un ange gardien, elle traversait à tire-d'aile notre quotidien avant de retourner vers cette région brumeuse qui suscitait les critiques de papa et la jalousie de maman.

Chez Vanessa et Virginia, cette région devait s'appeler Ceylan. Le pays de Julia Cameron, cette tante lointaine dont leur mère partageait le prénom. Celle qui avait documenté la jeunesse de sa nièce en gros plans ; l'auteure des portraits victoriens, flous et un peu kitchs, qui décoraient le dédale de High Park Gate.

Quelque chose me dit que, malgré leur caractère compassé, ces photographies ont dû présenter une force d'attraction, une possibilité d'identification pour les sœurs Stephen. Des images lisses et brillantes comme celles qui décoraient notre livre ; des pierres de lune pour paver d'un chemin de Petit Poucet leurs corridors obscurs. Pour avancer vers cette contrée interdite où vivent des femmes artistes, libres, différentes. Des femmes comme ma tante. L'endroit où l'on irait quand on serait grandes.

Je me souviens assez bien de la manière dont *Le Langage des fleurs du temps jadis* était organisé. Le texte, qui détaillait la symbolique d'une fleur, était imprimé sur la page de gauche. Il était toujours associé à une œuvre picturale sur la page de droite. Je me souviens surtout qu'avec ma sœur, nous regardions beaucoup la reproduction du tableau de John Singer Sargent, *Carnation, Lily, Lily, Rose*. C'était notre préférée.

Je ne me rappelle plus à quelle fleur il était associé, le titre évoquant plutôt une brassée. Ça devait être le lys, je pense. L'emblème de l'innocence ; la pureté associée à ces deux fillettes occupées à allumer des lanternes chinoises. Leurs têtes penchées, concentrées comme les nôtres au-dessus des images. La grâce des œillets, la douceur des roses roses.

J'ai encore plus de tendresse pour ce souvenir maintenant que je sais que Sargent a été l'un des professeurs de Vanessa. Tout fait signe parfois.

Vanessa aussi devait aimer ce double portrait. Elle devait y voir un chemin vers St Ives. Le retour dans un jardin vespéral où éclosent les bourgeons perdus du passé. Une féerie où, déjà, transparaît une gravité. L'éphémère de lampions faits d'un papier destiné à brûler. Une floraison qui a fini par faner.

Le temps jadis.

Le temps d'avant que les choses de la mort ne nous soient enseignées. Le temps d'avant la jouissance, d'avant son crime et de ses châtiments.

D'avant quoi ? Nous savions déjà !

Nous savions parfaitement, ma sœur et moi, que l'harmonie était fragile, qu'elle ne tenait qu'à un trousseau de clés. À son avertissement de chaînes. Depuis le living de notre petit appartement, nous l'entendions cliqueter dans la cage d'escalier, bien avant qu'il n'atteigne le pallier : *Papa est là.*

Dès qu'il rentrait, il fallait ranger nos dessins étalés, notre album laissé ouvert par terre. Notre "bordel" qu'il poussait du pied.

Il allumait la télé, fort, même si ça nous gênait. Même si maman était en train d'écouter de la musique. La musique de la vie, celle que l'on ne pouvait pas vivre.

Les éclats de voix dans la cuisine, nos têtes courbées au-dessus du livre. Le bruit d'une claque.

La seule réponse de ma mère : *Je vais le dire à mon père !*

Cette honte d'être faibles.

Ma sœur se met à tourner vivement les pages – je souffle : *Fais attention à ne pas les abîmer !* –, ses doigts se crispent sur celles dédiées à l'ancolie. La fleur de la folie. Shakespeare, versé dans la langue des bouquets, l'avait placée dans la main d'Ophélie délaissée. Encore un autre signe.

L'ancolie était illustrée par une œuvre de Frederick Sandys, *Love's Shadow*. Le portrait d'une impuissante qui enrage, qui n'arrive pas à se tenir ; qui n'en peut plus d'être adorable au milieu des massifs chamarrés. Les fleurs, elle se met à les bouffer. Elle leur arrache la tête avec les dents ; elle leur mâche le cœur. C'est à elle que je penserai quand je verrai, la première fois, le Chronos de Goya.

Parce que je n'ai jamais pu guérir de ça. Ma sœur non plus, je crois.

Jamais libres de cette colère.

Nous sommes devenues des anxieuses, des envieuses, des vicieuses ; de celles qui rêvent toujours au bonheur et qu'un vrai bonheur accable quand il leur arrive.

Des incapables.

Juste bonnes à avancer dans l'histoire sans trop corner les pages.

Juste bonnes à continuer.

À chercher le chemin vers ce pays que l'on ne trouvera jamais.

Comme Julia le lui a demandé, Vanessa tient bien la main de Virginia et marche du côté de la chaussée. Son rôle d'aînée, faire barrage. Une recommandation que Vanessa respecte – ces dernières semaines, leurs promenades les avaient menées à un cycliste écrasé par un omnibus, un cheval échappé dans la foule et un fiacre renversé – mais l'idée persifle au fond d'elle que, si un malheur arrivait, sa mère préférerait qu'elle meure plutôt que sa sœur.

À la fois nerveuse et craintive, Virginia est fascinée par la ville et son désordre de bruits électriques. Paralysée dans cette spirale de voix, elle a l'air d'une Jeanne d'Arc égarée. Londres grimpe à ses genoux telle une flamme. Vanessa doit la traîner pour franchir le flot des badauds sur Piccadilly Circus. Virginia tire sur son bras ; elle voudrait rester plus longtemps, guettant avec obsession un autre accident à raconter au souper avec le souci du détail. La couleur éventrée d'un passant, le maïs d'une crinière folle. Les éclaboussures d'une flaque de sang.

Le Dr Savage appelle *mélancolie* son nouveau goût pour le macabre, sa peur soudaine des domestiques ou de traverser seule une rue. Cette manie de cacher sa figure dès qu'un type l'observe, ou quand elle croise l'eau du grand miroir qu'elle brise d'un coup de tête. Les signes d'un alphabet que personne n'a envie de déchiffrer ; qui dit le malheur en chemin. Qui fait prescrire au bon Dr Savage un remède improbable à cette bouche de mercure par laquelle presque aucun aliment ne passe : *La marche, la marche, la marche !* Même Leslie Stephen ne reconnaît pas les yeux de hangar élargis par l'angoisse, ceux de la Dame du Lac. Il attribue ce *comportement fantasque* à la lecture d'*Anna Karénine* et en profite pour interdire les livres étrangers, trop nihilistes : *Quand nous autres mourons pour l'amour ou l'honneur, les Russes, eux, ne font que mourir.*

Pour le reste, c'est à Vanessa de faire tenir la chèvre sur ses pattes. Droite ! D'éviter l'effondrement, de garder à distance le danger de l'asile, l'appel de Laura. D'être la solide, la forte ; celle qui se donne en pâture à *Georgie* et *Jerry* comme Virginia les surnomme encore. Une traîtrise. La marque d'un attachement odieux qui donne à Vanessa l'envie de lui lâcher la main, de la pousser sous un tram. Elle qui se sacrifie pour cette conne, qui détourne sur elle-même ces ogres. Avec son front plissé de martyre quand elle revêt la robe de Mrs Young et devient un appât. Un trophée pour flatter dans les bals leurs ambitions sociales ; une proie à visiter dans sa chambre sous prétexte des essayages ou de l'aider à délacer son corsage.

Heureusement, il y a toujours St Ives pour retirer le monde et son sale pelage ; c'est aujourd'hui que l'on commence à préparer les malles. Alors Vanessa se presse, remonte Hyde Park Gate au pas de charge, ignorant derrière elle les plaintes de son boulet de sœur qui renâcle.

Dans le hall, Stella les attend en pleurs : *Maman est malade !*

Leur mère n'est plus leur mère dressée et infatigable. Elle est cette chose tombée à la blancheur d'os, étendue sur le lit. Quarante-neuf ans asséchés d'un coup, sans crier gare. Une épave épuisée qui paraît avoir enduré une guerre d'usure. D'incessantes attaques privées, menées par cet époux qui se plaint toujours quand elle ne dit jamais rien. Son mari qui penche au-dessus d'elle sa face d'araignée, tour à tour larmoyante puis sévère. Il l'encercle comme une mouche qu'il aimerait tuer encore, puis trouve le courage de se lamenter sur son propre sort : *Mais qu'est-ce que je vais devenir ?* Un truc scandaleux, injuste, qui crie comme une énorme faute d'orthographe dans ce scénario du destin et donne envie à Vanessa d'en redessiner les personnages, les décors. De mettre Sir Leslie dans la posture du gisant et de le faire crever maintenant à la place de maman.

Ça ne dure que quelques jours. Quelques nuits, on ne sait plus trop. On sait juste que dehors, les chats hululent comme des femmes. Alors, au lieu d'aérer, les fenêtres sont tenues fermées pour suffoquer leurs voix d'instruments désaccordés. C'est dans cette touffeur obscène que la maladie monte l'escalier avec son chapeau de répétitions dérisoires. *Mauvaise fièvre. Improviste. Fatalité.* Une hélice sans fin qui, En Haut, ne donne rien. Vanessa dépoussière les portraits de sa mère ; des visages de pharaon révélant leur gaine de momie, d'eau et de boue. Virginia, elle, écrit les dernières lignes du *Hyde Park*

Gate News : *"Maman a souri en disant : « Tiens-toi droite, petite chèvre ! » Dans le prochain numéro, elle sera sûrement guérie."* Et enfin les premières heures de ce matin qui joignent les mains de Julia sur le néant au milieu. Un océan érigé, durci de secrets asphyxiés et cousus bien serrés pour l'éternité.

Morte. Le mot se consume lui-même. Avec ses syllabes sottes dont l'écho jaunit déjà les pages de l'enfance, aplatit St Ives et sa maison surannée en photographies démodées. Oubliées dans un tiroir à jamais.

Les filles attendent derrière la porte. Leslie titube quand il en sort, hagard, ignorant les bras tendus vers lui par Virginia. Il préfère trébucher et hurler dans ceux de Stella. Une vraie pièce de théâtre.

Vanessa a droit à un shot de brandy pour la réconforter. Ou peut-être pour la faire réagir. L'infirmière l'étudie d'un œil qui culpabilise son absence de peine : *Tu pourrais au moins te frotter un peu les yeux !* Puis, ne voyant rien venir, l'inconnue l'entraîne à l'intérieur dans un soupir excédé.

La chambre respire désormais le grand calme ; l'air sent les fleurs et l'eau croupie. C'est très tranquille un mort. C'est doux, c'est rien. Ça donne juste froid à voir. L'infirmière lui dit d'embrasser la dépouille : *Ça se fait.* Goûter l'effroi du trépas. Le baiser ne ranime pas sa mère. Au contraire, il semble à Vanessa que d'infimes particules de joue glacée, granuleuse comme un mauvais cuir, ont infecté sa bouche. Empesté ses lèvres de pourriture, inoculé pour toujours des fragments de cadavre à son souffle. Quelque chose de foutu en elle qui l'empêche de ressentir. Qui l'aspire dans ce masque funèbre.

Vanessa voudrait le saisir avant que sa cire n'ait complètement fondu. Peindre la carnation, la décomposition de ses teintes jaunes auxquelles se mélange déjà le drame verdâtre. Rendre cette rapidité, cette violence, loin des belles mortes de l'art et de la poésie. Supplicier les Ophélie que les hommes rêvent superbes jusque dans l'agonie, alanguies. Les faire se tordre, râler ; les exécuter comme des femmes ordinaires aux existences sans auréole. Les paupières violettes et la bouche tirée comme quand on dort.

Un rire dans son dos la fait soudain sursauter. Un rire d'enfant effrayée. Virginia.

Vanessa retient sa colère, gênée. Jette un coup d'œil à l'infirmière qui fait semblant de pleurer : *Qu'est-ce qui te prend, ça va pas ?*

Virginia lui désigne le fauteuil vide au chevet de Julia : *Herbert est là ! Tu le vois ?*

Vanessa déglutit. Elle se contente de hocher la tête avant d'emmener sa sœur se coucher ; cette vierge hallucinée qui, dans sa langue naïve, dit la vie en fracas. Sa dérive.

En la bordant, Vanessa se demande combien de temps elle pourra contenir la folie. Être un mur. L'ombre de cette main qui protège du soleil qui sévit au-dehors. Ce soleil neuf et terrible dont les rayons crus frappent dans la tête de Virginia et éclairent le 22 Hyde Park Gate comme une crypte.

Une maison hantée d'heures sordides, doublement mutilées par les visites interminables, par les sanglots de Leslie Stephen qui craque au milieu des condoléances. Lion lunaire et émacié que l'on entend traîner son pas lourd dans la bibliothèque en déclamant les vers de son *Livre mausolée*. Sa nouvelle grande œuvre. Exit le *Dictionnaire biographique de l'Angleterre*, terminé ! Leslie abandonne tout, ne reçoit plus personne, pour se consacrer à la gloire de Julia. Une écriture libidineuse dont il rend compte le soir, sans filtre, à toute la famille. Ses enfants qui découvrent, effarés, un veuf impudique et accaparé par sa seule tristesse. Qui les dépossède de leur deuil dans des lectures-tortures sans fin : *"Julia aimait totalement, intégralement s'abandonner à moi."*

Le malheur peut toujours se convertir en une calamité pire.

Les garçons prennent la fuite – Adrian à Westminster, Thoby à Cambridge – quand les filles demeurent piégées ; prises en étau entre *les autres* et ce père putassier. Et Virginia que Vanessa doit sans cesse empêcher de dépasser le premier étage, au cas où elle serait tentée par un vol plané. Le Dr Savage continue de soigner ce qu'il nomme désormais des *épisodes aigus de délires anxieux* ; la formule pour ne toujours pas prononcer le diagnostic qui fâche : *Tarée !* Il n'y a que les livres pour entrecouper ces crises d'intervalles de paix. Virginia marche en leur for intérieur comme en elle-même avant de se heurter à la vision de Gerald. Un frémissement de paupière suffit à reconstruire l'horreur.

Mais la vraie crucifiée, c'est Stella. Elle prend le relais de Julia. L'infante tient maintenant les comptes, tout le ménage. Bientôt, Leslie la surnomme *darling*. Aussi, pour tenter de lui échapper, Stella maigrit et s'enlaidit ; une Peau d'âne boutonnée jusqu'au menton de soie noire et stricte, les cheveux tirés en arrière, ternes. Le violet des cernes descendu sous les joues. Des subterfuges inutiles et cruels, qui ne la rendent que plus belle, donnent corps à la pire des fables.

L'inceste est partout. Il est le ressac de la mort qui noie de son impénétrable texture. Une marée du temps qui stagne et refuse de se retirer de ce foyer qu'éclaire un long jour rapace ; une cavité sans ombre où se cacher. Le climat est lascif, irrespirable. Et son souverain sénile frôle sa jeune fille au vu et su de tous. Stella changée en statue de sel par le maléfice de phrases amputées, de blasphèmes qu'elle ravale. Ils la transforment en minerai au sang gelé, en météore épuisé, en étoile éteinte. Sa lumière absorbée par ce vampire hideux, au visage mou et pâteux qui la couve avec des yeux de chien. Lui tient la main au coin du feu en lui parlant de Julia dans des jeux souterrains : *Tu possèdes – que pourrais-je dire de plus expressif ? – la même nature que ma chérie. Je sais que l'on ne peut vénérer sa pupille mais j'éprouve le sentiment qui y correspond – tu pourras lui trouver un nom…*

Hi han ! Hi han ! Vanessa brait pour interrompre ce strip-tease intégral, éviter que la situation ne devienne trop ouvertement scabreuse. Y ajouter le vertige d'une comédie, seul remède au désespoir. Donner forme à un futur qu'elle espère dans son cerveau enclos.

Avant de poursuivre sans honte son charabia, Sir Leslie la foudroie du regard. Vanessa le provoque d'un sourire ; une grimace qui prévient : *Je te vois. Et mon cœur est trop étroit pour pardonner tes terribles fautes.*

Sans bonne fée marraine, il ne reste à Stella pour se sauver que l'issue la plus fatale. Le mariage. Stella accepte d'épouser Jack Hills, son soupirant de longue date. L'annonce à Leslie est digne d'un gag. Il faut le voir mimer la brûlure de l'ulcère, la crise cardiaque ; tomber de sa chaise, éructer d'une voix débordante de larmes : *Moi, je peux très bien me passer de Jack Hills ! Pourquoi ne le pourrais-tu pas ?*

Après l'année de fiançailles qu'il impose, entre autres conditions toutes plus effarantes les unes que les autres – *promets-moi de me laisser te conduire à l'autel à la place de George !* – Leslie Stephen se résout à laisser partir Stella.

Comme dans son sommeil, elle avance vers les sacrements au bras de son beau-père ; les yeux flous fixés dans le vague. Pleine de grâce. Avec cet air qui fait se poser les mouches sur le nez. Ça ressemble à un songe étrange, à une dernière apparition. Un rêve en robe blanche qui ne rayonne ni de lune ni de soleil. Un linceul blême de nuages, la couleur du temps. Durant la cérémonie, Vanessa fouille dans le livre de messe, guette les moments où se lever, chanter, faire le signe de croix. À un moment, le prêtre prie l'assemblée de s'agenouiller ; Vanessa est sur le point de s'exécuter mais, à côté d'elle, une voix d'outre-tombe la retient. Virginia qui, pour l'occasion, a revêtu une robe de Julia et refuse de plier : *Tiens-toi droite !*

Mais trop vite, le cauchemar reprend. Il se répète au retour du voyage de noces, écourté à cause de la grippe ou de l'appendicite. Ou d'un début de grossesse, on ne sait pas bien. Stella sait juste qu'elle veut mourir dans la chambre de maman. *Se marier rend donc malade ?* interroge Virginia d'un œil morne.

Et Jack Hills que l'on ne peut plus foutre dehors. Sous couvert de la douleur, il est toujours pendu aux basques de Vanessa. La suivante. Celle supposée remplacer Stella morte qui remplaçait Julia morte. Rien que des poupées gigognes, interchangeables. Alors draguer l'une puis l'autre, en fin de compte ça change quoi ? Si ça peut lui éviter de s'emmerder, d'avoir à recommencer toute sa cour ailleurs…

Sauf que Vanessa ne croit pas en ce Salut-là, est décidée au coup d'État. Elle va se sauver toute seule.

Chaque mercredi à onze heures deux minutes, Vanessa entre dans la pénombre de la bibliothèque. Elle vient rendre à son père le grand registre écarlate. Les comptes de la maison qu'elle plante au milieu du bureau en prenant soin de déranger les notes, les archives, les photos ; tous les brouillons du *Livre mausolée*. Un bras d'honneur qui déchaîne la furie de Leslie Stephen.

À la différence de Julia puis de Stella qui, de connivence avec la cuisinière, falsifiaient la comptabilité domestique pour le ménager, Vanessa ne maquille rien. Pire ! Toutes les semaines, le nombre de lignes dans la colonne des dépenses augmente. *"Matériel de dessin, inscription à l'école d'art Cope, verrous pour les chambres…"*

Les veines du cou gonflées, prêtes à péter, Sir Leslie se proclame ruiné en se frappant la poitrine. Il rugit : *Méchante, affreuse, dégoûtante fille !*

Mais ça ne marche plus. Vanessa reste impassible, le regarde par en dessous. Une façon de se taire qui dit la colère. À peine essuie-t-elle les postillons sur son visage, érigée tel un bloc de pierre devant ces manifestations pathétiques. Une mise en scène qui ne trahit rien d'autre que l'incompétence d'un homme et d'un père ; d'un adulte qui, sans femme, ne sait rien faire.

Leslie change de stratégie, tente de l'apitoyer avec son ventre ; ce nid de viscères bouillonnant qui lui fait de plus en plus mal. Les traits tristes, alourdis de poches et pointillés de pleurs : *Tu veux ma mort ?*

Vanessa garde le courage de se taire malgré ce tir d'artillerie. La bouche fermée. Un trait tiré mais alourdi de griefs et de verdicts. Un serpent rose lézardant sa face ; son silence têtu qui crie *oui !*

Crève vite et bien. Que j'aille tasser de mon pied le fumier de ta tombe.

D'une main tremblante, Leslie Stephen finit par signer le chèque avant de s'affaler dans sa chaise, prostré. Jusqu'au bout grandiloquent. Vanessa ramasse en vitesse le précieux sésame posé sur le registre. La première clé vers la sortie.

Derrière la porte austère qu'elle claque, Vanessa reste un moment adossée, les yeux fermés dans le couloir. Une autre épreuve hebdomadaire de passée.

Tu devrais faire un effort avec lui.

La voix du Jugement, celle de Virginia. De sa saloperie d'innocence, de son hypocrisie. Comme si elle ne rêvait pas aussi de ce qui devait les rendre libres.

L'espace entre les deux sœurs est épais. Il bourdonne d'accusations et de reproches, d'injures qui attendent depuis longtemps leur moment. Le grand déballage. Vanessa attaque en premier cette fille à papa qu'elle doit surveiller jusque dans son bain. Une ingrate qui ne lui confie plus ses secrets ; qui, dès qu'elle le peut, se carapate chez Violet Dickinson et l'abandonne. Violet et Virginia, un autre duo. Deux nouveaux *V* enchâssés dont Vanessa ne sait rien. Une affection insupportable pour elle, autant que celle qui continue de lier sa sœur à Leslie. Tellement bon et raisonnable qu'il ne lui laisse que les miettes tombées de ses étagères, ne lui paie pas d'études correctes parce qu'au fond il méprise les femmes. Les utilise, les épuise avant de les achever. Comme Stella, comme Julia. Leslie qui fait mourir les choses et les gens autour de lui, qui tue tout doucement. Virginia ne recule pas. Sans sourciller, elle réplique : *Parce que tu crois vraiment que nous serions plus libres si maman était là ?*

Soudain, Vanessa explose en une gifle, en larmes à la saveur amère de solitude et de chagrin : *Ne vas-tu donc jamais m'aider ?*

T'aider à quoi ?

Virginia ne pleure pas. Elle a fini de chouiner. Elle n'a jamais regardé sa sœur comme ça, vraiment. Intensément. Déterminée à pousser Vanessa vers l'outrance.

Virginia veut qu'elle dise sa démesure, qu'elle crache le morceau. Qu'elle ose enfin déclarer tout haut : *À devenir une artiste !*

Nous le deviendrons.

Ce *nous* dit notre pacte, une arche d'alliance pour sortir de la liste des condamnées. Rien ne sert de courir, la prudence est meilleure conseillère. Nous avons compris qu'être fille, c'est être au monde sans arme pour exister. Les codes sont appris. Assimilés. Maintenant, nous devons les subvertir. Nous allons minauder, mentir, tricher ; nous faufiler pour voler tous les étendards, toutes les épées. Et nous battre à notre manière, l'air de rien. Pour nous protéger dans ce monde d'hommes qui vont et viennent, nous devenons transparentes, invisibles. Sans contour pour ne pas perdre ce noyau, ce centre où persistent nos cibles. À la surface, la vie continue. Nous continuons à servir le thé à Jack Hills jusqu'à ce qu'il se lasse et lève le camp ; nous continuons à suivre les conseils du Dr Savage : *Du repos et du lait*. Du jardinage dans cette arrière-cour de Hyde Park Gate où jamais rien ne pousse. Nous continuons à accompagner *les autres* au bal. À leur ficher la honte en revêtant des robes grossières, taillées dans du tissu d'ameublement ; en entretenant de Platon ou de Vinci l'élite édouardienne au lieu de danser poliment. Nous jouons nos rôles de braves intendantes. À mesure que le cancer grandit dans les entrailles de papa, nous le regardons rétrécir dans son fauteuil. Il rapetisse jusqu'à ce que l'on puisse le transférer dans ce lit qu'il garde. Il lâche son emprise sur l'argent, sur nos destinées. Pendant les jours sombres qu'il occupe encore, où il se débat comme le phalène irrésolu à son sort, nous copions sous sa dictée son *Livre mausolée*. Cette mort trop lente qui s'écoule de sa bave parasite, du moindre de ses mots sans musique. Sourire pour ne pas être absorbées, ensevelies sous leur pile. Sourire pour que sa voix s'efface, pour ne plus l'entendre même si ses lèvres bougent toujours, que cela ne fasse plus de différence. Sourire en pensant à nos propres œuvres ; au moment où l'on jettera ses papiers, cet héritage impur dont il veut nous lester. Nous rêvons longtemps et avec discipline. En cultivant nos ombres, en marchant à la lisière du réel, sur le bord de nos cœurs ; l'espérance dissimulée dans leurs pelotes emmêlées. Dans ces années que nous mettons à traverser les murs, à agir avec grandeur, il faut résister ; apprendre à vivre dans pas plus grand que sa paume. Dans le bout de papier où tient cette idée griffonnée à la va-vite sur un récépissé, dans cette esquisse volée avant d'aller servir le thé. Les yeux embrumés dans les faces obstinées. Les langues liées, mais celles du pinceau sur la toile, du stylo sur le papier qui avancent. Écrire et peindre avant que la pensée ne sèche. Attiser l'étincelle même toute petite. Correspondre avec Thoby, le fidèle aide de camp, et respecter son programme de lecture à la lettre. Subtiliser les ouvrages dans la bibliothèque. Les recouvrir, dès que quelqu'un entre, sous son tricot ou sa broderie. Nous étudions jusqu'à être acceptées à la Royal Academy. Au King's College. Nous sommes des intellectuelles. La ville aux trousses, nous prions au rythme de nos pas. Et leur secret, dont nous avons chacune une part, est aussi vrai que le son de nos talons battant le pavé. Nous circulons dans Londres, énergiques parmi les chimères et les exhibitionnistes. Entre ses ponts qui assemblent les gouffres, nous filons dans cette immense usine à produire de l'étoffe humaine ; à tisser la lumière vers laquelle nous tendons. De nos enfances, elle a perdu son profil de bourgade tranquille, ponctuée de magasins familiers débordants de cahiers, de gommes à effacer ; de pinceaux et de glaces à la fraise. Elle devient cette vision inquiétante de sexe anonyme, terriblement attirante sous l'éclairage des réverbères, dans les allées de la National Gallery. Les paysages tourmentés de Turner, le choc des symboles chez William Blake. Une mystique de la mort, d'astres foulés aux pieds dans des nuances de pourpre, de jaune de cadmium, de gemmes vertes et bleues. Des couleurs qui disent la renaissance, qu'il n'y a pas de survie possible sans comprendre l'origine de la beauté. Une éclipse de nos blessures singulières ; de cette souffrance, lancinante et destructrice, que nous décidons de transcender. Cette ivresse à la lecture d'un livre ou d'une peinture bute soudain sur le réel d'une signature. Encore un nom d'homme. Toujours un nom d'homme qui parle de désir à une fille modèle ou à sa muse. La brûlure. Nous sommes capables de la faire sentir. Nous sommes capables d'en faire autant. Le soir, dans la clandestinité de nos chambres, nous nourrissons cette prétention. Nous nous racontons les échecs, nous nous montrons nos victoires ; ces seuils initiatiques franchis dans nos apprentissages. Chacune est l'archive, la vigie, le commencement de l'autre, dans une parole de nuit dont les douze coups transforment les chevaux en rats qui se sauvent. Pas besoin de romantisme, de vieux mythe pour sceller cette conspiration. Nous inventons seules la langue qui dit notre quête, afin qu'aucun fantôme ne parle par nos bouches et qu'aucune relique ne retienne nos pas. Nous mangeons les dates et comptons les miracles qui attendent en nous de s'accomplir. Depuis que nous avons vu le jour, nous savons juste que le jour n'arrête pas de nous fixer. Les yeux au plafond, les motifs s'entrecroisent et trouvent peu à peu leur place. Pour que l'une comprenne le tableau et l'autre le devienne, il est essentiel que nous ne nous laissions jamais aller ensemble. Un engagement réciproque à se protéger par une foule de gestes, de noms susurrés de ces lieux où nous promettons d'aller quand nous serons délivrées. Doucement se marrer. Se rassembler, se rejoindre dans la certitude de nos mains, l'endroit le plus sûr pour nous féconder. S'embrasser. Le cœur qui tape comme tambour, nous sommes peut-être bien notre premier amour. Puis, dos à dos, être enfin à l'endroit de nos corps. S'incarner. Retirer à la réalité ses guillemets, ces griffes qui enserrent ce monde absurde, nos esprits, indépendants et singuliers. S'accoupler au vide pour ne pas être déchiquetées. Pour apparaître dans cette pluie cachée. Dans l'éclat visqueux de nos reins, à l'angle de nos cuisses dans un spasme de liberté. S'écouter jouir dans l'oreiller. S'endormir rassasiées.

Puis, un matin, ça y est. Le vieux cesse de bouger.

Nous nous réveillons le 22 février 1904. La fin de ce sortilège de Belle au bois dormant. Depuis la disparition de Stella, les sept années du malheur ont passé, les débris du grand miroir sont balayés.

Leslie Stephen est mort et nous avons vingt-deux et vingt-cinq ans.

Exsangues, nos hanches brûlent d'impatience tandis qu'autour d'elles, l'ombre de *Hyde Park Gate* recule. L'ère polluée de l'ancien monde disparaît.

Ça sent le neuf, ça balbutie comme si l'on avait remis l'horloge à l'heure. Comme si *avant Jésus-Christ* était devenu *après*.

Droites comme des I, nous marchons derrière la couronne funéraire tressée de narcisses précoces ; ces fleurs exquises avec leurs pétales cannelés, si délicats. Leurs centres minuscules, tellement petits que l'on ne les voit pas au premier coup d'œil. Et leur parfum frais, inaltéré. Vierge. La promesse vif-argent du printemps à venir. Nous suivons ces chevaux de corbillard dont les sabots sonnent le départ vers une nouvelle adresse. Vers tous nos possibles. Les *autres* iront de leur côté, nous allons nous séparer.

Tout réinventer.

Une vie de sœurs, une vie de femmes. Une vie à nous-mêmes.

Une vie qui allume nos regards d'une lueur jeune et turbulente, celle de ce siècle qui commence.

Changement de décor, d'époque et de saison. La vie voyage dans un grand tour, se déplace de villes en îles, de versants en amonts. Ma vie, ce fruit dont j'avais mangé une partie sans l'avoir goûté, sans m'en apercevoir.

Moi aussi, je suis partie de la maison très tard. À vingt-trois ans. Dès qu'il y a eu assez d'argent pour se barrer, dès que mon père a bien voulu me lâcher. Autre temps, autre milieu, mêmes problèmes. Mais contrairement à Vanessa, je n'ai pas emmené ma sœur. Je l'ai laissée prostrée sur le balcon, la vue bouchée par les tours de la cité.

Je ne voulais plus la surveiller, je ne pouvais plus l'empêcher de faire une connerie.

Il fallait que je sauve ma peau.

Il fallait que j'en finisse avec l'enfance.

Celle qui nous tue ; celle illimitée dont on cherche vainement à s'échapper et qui nous retient jusqu'à la fin dans ses filets. Alors, à vingt-trois ans, j'ai décidé que ça n'existait plus, l'enfance.

J'en suis sortie pour aller d'abord à Paris, comme Vanessa et Virginia.

Après leur libération, c'est leur première destination avec Adrian et Thoby. Le Louvre et l'atelier de Rodin, le champagne. La joie.

Puis de la France, les quatre Stephen passent en Italie. Évidemment je les y accompagne, c'est chez moi là-bas. J'ai déjà raconté ça, ailleurs.

Je les suis à Venise.

Je marche derrière eux, à quelques mètres, au même pas. J'adopte ce rythme lent et heureux des égarés, opposé à la cadence utile et claire de ceux qui savent où ils vont. Je les regarde avancer entre les appels des marchands ambulants, simplement guidés par une barcarolle. Ce chant lointain et lascif qu'interprètent deux femmes. Offenbach que j'aime tellement.

Je vois Vanessa qui jubile quand elle se surprend belle dans le reflet d'une vitrine ; dans les yeux alléchés de ce vendeur d'antiquités qui vient la racoler jusque devant son antre de brigand. On dirait une sculpture libérée de la pierre. Une figure animée par cette sensation d'avoir été toute petite et d'avoir grandi ; d'avoir pu mourir des mille façons dont on peut mourir mais d'être là, enfin vive.

Un sentiment soudain balayé par le sirocco.

La chaleur étouffe, jaunit l'air et la mine de Thoby. Il ne sait jamais si le temps est couvert ou dégagé. La puanteur s'élève de l'entrelacs des canaux à l'étiage et étrangle toute la ville. Une pestilence qui électrise l'air et les nerfs de Virginia. Elle cherche sans cesse querelle à Adrian qui avait insisté pour se charger du circuit. Inquiets, tous guettent l'éclatement de la crise ; l'instant où Virginia se met à crier qu'elle veut aller à Florence avant que la mer monte pour l'emporter. L'éternel caprice de son chagrin qui met le moral de Vanessa à zéro.

Elle se sent ange damné, gâché par la loyauté jurée à sa sœur ; un accord faustien. Clouée au sol par la chaîne de leur lien. De cette fusion qui ne les fait former plus qu'un. L'heure est de décider laquelle de Virginia ou Vanessa.

Il y a deux façons d'épouser Venise ; à pleine bouche, ruisselante des couleurs de Véronèse, ou avec l'œil inquiet du Tintoret. La lutte entre celle qui en ressent l'exubérance baroque et l'autre qui s'évapore dans son atmosphère trop lourde.

Au diable, au diable, au diable !

Vanessa veut quitter l'enfer des aïeux pour ce labyrinthe d'eaux et de troubles. De conversations aux rumeurs inaudibles, aux éclats polyglottes mêlés du bruit des glaçons dans les spritz. Sans souvenirs, elle rompt enfin son écorce, se regarde prendre corps dans le levain d'un éveil. Son futur. Pendant que Virginia est hantée de mots qui réveillent les morts ; inventorie sans cesse en elle les bûchers. Dans sa chambre au charme décrépit d'un grand hôtel, elle a l'impression de brûler. Elle s'agite, bat les tapis. Les coussins. Et elle s'enfile toute la bouteille ambre de Véronal pour mieux dormir.

Vanessa la retrouve dans une flaque de vomi, hésite un instant à l'y laisser croupir puis, finalement, la réveille avec une paire de baffes. Elle l'enlève, obligée d'abandonner à leurs frères les gondoles. Les places où s'enjambent les mendiants, les églises qui sonnent à chaque heure une fausse résurrection. L'Accademia et ses Vierges du Titien qui ont sûrement toutes pour modèles des putains.

Sur la plage du Lido, Virginia enfonce ses talons dans le sable. Le monde nouveau ressemble à l'ancien. Tout l'y ramène, même la langue des oiseaux. Ils lui parlent en sonorités gutturales et antiques. Des chœurs grecs qui ricanent Aristophane : *"On ne peut pas apprendre au crabe à marcher droit."* Ils la harcèlent depuis le passé, s'embrouillent en une lanière qui la cingle au visage avec le vent.

Elle est comme les cent aspects de cette lagune, un drame paysager. Ignorant les futilités de la baignade, elle avance pour dépasser les cabines et ne rencontrer que du crépuscule.

Rien ne s'oppose à l'Adriatique. En cette partie entièrement tournée vers l'Orient et le Midi, tout se dérobe. La désarme et la rend invincible. La Nature, d'humaine, devient féroce, mord à son ventre en une extraordinaire pureté des lignes ; offre l'ampleur de l'horizon à son esprit rude, livré aux assauts des éléments.

De loin, Vanessa observe cette silhouette découpée aller de biais vers une destination différente de la sienne. Devenir l'onde indomptable quand elle n'en désire que l'écume. Un pêcheur qui remonte des nasses de petits poissons s'approche, lui montre du doigt quelque chose au large. Une trombe dans le ciel, une vrille descendue des nuages ; une espèce de cône de fumée, renversé, la pointe dans les vagues. Une tempête à l'approche qui rappelle à Vanessa ce tableau de Giorgione. Un tableau que je visite toujours, qui m'attend à chacun de mes retours. Un spectacle que je regarde, année après année, sans jamais vraiment en saisir le mystère. Peut-être que je le percerai un jour.

Le désastre se dirige vers Virginia, il semble ne venir que pour elle. La main en visière, la peur grave sa marque imprécise au milieu du front de Vanessa. Le pêcheur se signe trois fois puis marmonne des paroles avec beaucoup de voyelles. La trombe se défait et s'abîme, s'évanouit dans la mer et son éternité.

Stupéfaite, Vanessa réclame pour sa sœur ce secret ; l'incantation qui pourra la sauver de la prochaine tempête. Qui pourra leur permettre de rester ensemble. Le pêcheur lui répond d'un sourire qui ne comprend rien.

Peut-être que dans la lumière qui meurt, Vanessa voit mon ombre s'étirer sur le sable. À côté d'elle, tout près.

L'orbite concentrique du couchant ferme son grand œil aveugle. Une crevasse béante, l'annonce du soleil bientôt absent. Un autre présage.

Mais à ça aussi j'ai fini de croire. Alors, avant de m'effacer, je souffle la seule chose que je sais : *Ça n'existe plus l'enfance, tu m'entends ? Ça n'existe plus.*

Je me chargerai d'acheter les fleurs.

Avril 1905. Un double *je* s'engage dans ce moment où le printemps se précise ; où Londres quitte son ciel de porridge pour s'éclaircir et battre un autre tempo, une autre acoustique. Une mesure qui claque comme la porte d'entrée derrière les talons de Virginia. Un jeu qu'elle mène à toute allure sur le métronome retrouvé de Big Ben.

Son gong frappe des demi-heures toujours plus pressées, faisant vibrer l'air jusqu'au dernier étage du 46 Gordon Square. Jusque dans l'atelier de Vanessa, son repaire. Peu à peu, leurs cercles de plomb se dissipent, absorbés dans la toile des châssis entassés partout sur le sol, appuyés contre les parois. Mais le silence qui les suit demeure imperceptiblement alourdi. Il en va ainsi des avertissements ; leurs accents ne s'éteignent jamais totalement pour celle qui croit en reconnaître la voix. Et l'atmosphère épaissie de cette sonorité aide Vanessa à se concentrer devant son chevalet. À ne pas perdre la partie et laisser Virginia gagner.

Depuis que le *Guardian* a accepté son essai sur les sœurs Brontë, la petite chèvre revit. Son premier texte publié, le Dr Savage l'a enfin déclarée guérie.

Décorsetée, vêtue seulement d'une robe de mousseline blanche qu'elle vient de faire confectionner – *La même que Charlotte portait en écrivant Jane Eyre !* aime-t-elle à répéter – Virginia sort n'importe quand. Parfois avec un petit tabouret de chêne sous le bras, comme celui qu'emportait Emily lors de ses promenades sur la lande. Pour réfléchir, assise au milieu du grouillement de la ville. Pour en isoler le mouvement, l'être. Voir à travers sa chair dans une rue bondée, l'os brisé d'une contre-allée. Sa moelle graisse la peau poisseuse des trottoirs ; ces surfaces compactes sur lesquelles il est toujours bizarre de voir galoper un gamin. Un chien galeux, gueule ouverte, tente d'échapper à la glu de leur piège, comme ce jeune homme errant en lui-même. Il tape fort des pieds pour faire décoller ses semelles, les mains enfoncées dans les poches et le profil accroché au ciel. Voilà qu'il s'envole. Il devient cette vision fugitive d'un papillon dont les ailes, à contre-jour, diffractent une carte souterraine. Une insaisissable étrangeté qui file sur un bac au-dessus de Regent's Canal, se perd parmi les mâts des églises, la flèche hissée d'une grand-voile. Sans remarquer les flammes laissées derrière. Elles s'élèvent dans un sillage qui embrase l'étoffe de la robe de Virginia ; la matière légère de ce qu'elle appelle déjà *son* roman. Celui qu'elle veut écrire et qui sera grand comme la vie.

Je dois la rattraper.

Même si elle dit le contraire, qu'elle joue la solitaire, Vanessa voudrait bien faire se retourner les passants. Accaparer les discussions et les gens, leurs rires ; toute l'attention des invités à leur *party*.

Un auditoire que Virginia confisquera ce soir, avec des anecdotes sur la façon dont elle cueille ses pages entre les allées du cimetière de Highgate. Sur les tombes qui voisinent celles de leurs parents, où elle glane les identités de futures héroïnes – *Clarissa Dalloway, n'est-ce pas un nom charmant ?* Puis, contrebalançant habilement cette historiette morbide, elle provoquera l'hilarité des convives en faisant croire que les œillets qui décorent la table basse ne viennent pas de chez la fleuriste. En racontant qu'elle les a fauchés sous le nez d'une *nanny* outrée dans la platebande d'un parc.

Et tout ce que Vanessa aura préparé pour cette réunion hebdomadaire des *apôtres* paraîtra trivial ou sera ignoré. Son plateau de sandwiches à côté du bouquet volé, ses assiettes de *buns* et de biscuits. Pas le genre à laisser une empreinte dans le lit du temps. Les ingrédients les plus fades des messes du jeudi où elle tient le rôle de Marthe contemplant avec rancune Marie.

Thoby est le Messie, bien sûr, la coqueluche de Cambridge. Celui que l'on surnomme *le Goth* parce qu'il est beau comme un dieu des forêts. Il s'invente relieur d'âmes douées dans ces soirées qu'il organise pour remplacer de fêtes le passé et sa mélancolie ; créer du bonheur pour les unir – eux, les enfants Stephen – sur la nouvelle scène de leurs vies à Bloomsbury.

Pourtant, c'est Vanessa qui a trouvé cette adresse en marchant vers l'est sur les traces d'autres intellectuels. Comme les nomades suivent les saisons et les animaux, elle avait suivi le mouvement et trouvé une autre famille. Celle des philosophes et des artistes branchés qui, comme autant de Christophe Colomb avant elle, avaient *découvert* ce quartier. Ils s'y mêlent aux indigènes – des ramoneurs et des rémouleurs, des couturières ou des barbiers lentement chassés par l'augmentation des loyers – pour fonder leurs écoles de pensée. Des universités ouvertes aux femmes, des galeries d'art moderne et des musées qui poussent au milieu de simples bâtisses en briques, étroites et longues comme celle du 46 Gordon Square. Pas d'enduit ni de chichi ou de pignon, loin des nobles demeures qui avaient marqué la naissance de Vanessa de leurs frontons ; au cœur de la pagaille mal famée de Londres. Un univers moins cher qui embaume la fumée de cheminées serrées comme des bougies d'anniversaire, la bière ; où sa pension suffit pour peindre et ne pas se marier. Où elle apprend à aimer s'endormir avec ce sentiment d'être chez soi, là où rien ne manque, là où on a pied. Là où il n'y a pas de danger. La rumeur lointaine d'une brasserie l'enveloppe de sa sécurité. Puis, au matin, les cris d'ouvriers qui entrechoquent leurs chargements de barils pour la réveiller : *Bugger off!*

Vanessa rit en répétant tout bas ces jurons ; des mots gros et neufs à ajouter à son dictionnaire intérieur. Comme une gamine qui éprouve, pour la première fois, une définition inconnue. Celle de pouvoir laper la crème au goulot des bouteilles de lait ; de descendre en pleine nuit se cuire une omelette. La manger directement dans la poêle et roter d'aise. À sa santé de fille perdue qui ne sert plus le thé à personne. Fini le Earl Grey, elle préfère boire un café noir en grillant sa cigarette comme d'autres allumeraient un cierge. *Amen !* Une Miss Stephen impossible à caser ; grisée par les ragots de la bonne société sur ses mauvaises mœurs. Des racontars qui échouent parfois dans son living par la bouche d'une grand-tante scandalisée.

La société, elle la reformera elle-même en rompant définitivement avec cet entourage, en organisant toujours plus de tapage avec ces bohèmes que Thoby lui ramène. Un autre genre de bal pour célibataires, sans chaperon, où les couleurs bouillonnent et débordent, se répandent partout depuis *son* atelier.

C'est pour cette pièce qu'elle a choisi la maison ; pour sa lumière de commencement qui la baigne. Ici, il semble à Vanessa qu'elle a enfin une âme. Plutôt qu'elle a trouvé un lieu. Un éclairage cristallin, un peu acide, d'autant plus limpide que les couloirs pour y accéder sont très sombres. Une série de sas à traverser pour mériter la clarté ; une sorte de rite pour pouvoir sentir son être se dilater, occuper tout cet espace dans une réalité augmentée. Un recours à la tanière, au repli qui lui permet de s'arrimer à la vie par des liens plus solides ; de voir son attention au monde décuplée et ne plus être séparée de sa merveille. De son énigme qui jaillit dans ce rayon qui tape au carreau de sa fenêtre et l'inspire.

Travailler dans le dépouillement de l'instant. Dans ce grand tablier informe et taché qu'elle ne quitte presque jamais pour affiner sa touche, creuser une ombre. Glacer le blanc de cette jacinthe qu'elle ajoute pour achever le portrait de Lady Robert Cecil. Une simple tige, insignifiante, posée sur un guéridon près de son sujet. Un brin fragile, dénué du panache des bouquets de Virginia. Un détail de rien mais qui sent le regain. La vision et le souvenir. Le parfum délicat d'une renaissance.

Le pinceau furète sur la palette à la recherche de la nuance adéquate. Tout est mélangé, tout est sale. Ça ne fera jamais une fleur et ça fait deux heures que

Vanessa y est. Elle le fait exprès. Elle met toujours le temps à peindre les petites choses que d'autres prendraient à en faire de grandes. Une cité en entier. Tout un champ de bataille, peut-être. Et c'est sûrement pour emmerder ceux-là. Ceux qui ne comprennent pas pourquoi c'est important. Pourquoi c'est vital un tissu et son motif, une pacotille, un bibelot. Une icône. Ces objets qui sont autant d'infimes épiphanies et font le décor quotidien de la vie d'une femme. Souvent sa seule conquête, son unique expression. Cette maison que Vanessa rappelle dans tous ses tableaux. Un environnement clair et serein. Enfin sien.

Spatule à la main, elle gratte sa palette. Elle en brise la croûte, la récure jusqu'à ce que le bois brille. En son centre, elle dépose trois gouttes de peinture ; l'une blanche, les deux autres grise et bleue. Un nouveau pinceau, propre et fin comme un fuseau, mélange. Ajuste un camaïeu de perle. Puis sa pointe imbibée reste un moment levée, suspendue au plafond avant de viser la cible. La jacinthe que Vanessa a prise pour modèle ; chaque clochette sur sa hampe dorée par la fenêtre. Et finalement, dans l'angle droit de la scène, une apparition. Une éclosion presque frottée, sacrée ; un halo qui signe et illumine ce qui, d'abord, ne saute pas aux yeux. Un faisceau vaporeux qui fixe l'éphémère ; toute la présence de Lady Robert Cecil.

Durant des semaines, Vanessa a inventé la langue qui s'ajuste exactement à ce personnage, à cette première commande qui n'avait pas manqué de la surprendre. Celle d'une dame distinguée, très guindée, que Vanessa pensait venue – à son tour – la sermonner ; qu'elle allait envoyer balader quand Lady Robert lui avait demandé de la montrer. Vraiment.

Alors, Vanessa lui a peint ce visage en éclats mats. Une peau fine de coquille, esquissée en un scintillement brun, jaune, rouge. Un équilibre des pressions qu'elle accentue de traits plus foncés. Comme pour souligner les contrastes d'une fille devenue grande ; d'une femme aux prunelles profondes, noires de Mars. Sûre d'elle et qui ne sourit même pas sur demande. À peine un coin de bouche barbouillé, légèrement relevé. Le rictus tranquille et décidé d'un portrait qui soutient le regard de son spectateur.

C'est ça que Vanessa a envie de représenter. On lui avait appris à peindre comme les autres ; à sans cesse faire et refaire le même corps. La même jeune vierge ou tout juste mère qui ne sait rien. Une innocente statufiée, posée contre un fond irréel. Une poésie ennuyeuse qui plaît aux professeurs de la Royal Academy ; des hommes pris dans une compétition de madones. Sans intérêt. Pourquoi et comment faire mieux ? Vanessa n'y voit pas d'enjeu. Elle veut chercher ailleurs la beauté.

Chez cette matrone austère qui jubile, confortablement assise dans un fauteuil. Dans un habit de deuil ample, dont les contours floutés répondent à Vanessa et à son tablier. Une tenue pas du tout séduisante, qui ne laisse rien deviner de sa silhouette pourtant plaisante. Un gros livre est ouvert sur ses genoux. Le message ? Maintenant elle sait.

Pas comme à l'époque de cette photo ridicule où elle s'appelait encore Eleanor Lambton. Le cou penché, les yeux baissés. Le torticolis classique de l'humilité. Saucissonnée dans un fourreau à manches gigot, coupé dans un tissu satiné. Les cheveux parsemés de pampilles chamarrées. Un mix improbable entre goût médiéval et évocation de l'Orient. De quoi séduire ce fiancé qui deviendra Premier ministre ; un monsieur si important qu'il faudra même lui abandonner son prénom. Lady Robert qui, à peine débarrassée de son micheton, vient faire la nique à cette image du passé.

Vieille sage discrète à l'air de ne pas y toucher. Trônant dans son univers intérieur où elle est maintenant seule à régner. Une femme-maison dont on ne soupçonnait pas le nombre, l'étendue des pièces. Dont on ne voyait que le hall, la salle de réception pour les visites officielles. Et qui laisse finalement tourner cette poignée de porte, monter vers ce réduit intime où son âme attendait jusqu'alors assise. Sans mari ni enfant, désormais son unique présent. L'espace domestique d'une conquête. D'une galaxie inexplorée. La frontière que Vanessa veut faire reculer en pionnière ; élever la scène de genre, féminine et secrète, au rang de vie sérieuse. Pleine et ronde comme un œuf. Heureuse. Parfaite. Suffisante pour être un foyer. Mieux qu'un foyer, un feu. La seule vérité.

C'est terminé ?

Mais c'est oublier cette voix qui s'introduit dans la partie. Ça devait finir par arriver.

La sexualité, ce grand brasier. Ce grand bordel. L'amour, si l'on préfère s'illusionner. Parce que l'amour, ça s'amadoue ; ça n'est pas le rêve du loup. Ça peut se calculer, ça peut se dresser. Ça s'invente surtout. Avec beaucoup de rouerie et de naïveté ; un peu de charme et de vulgarité. Des joies roses et des peines grises. Le sexe, en revanche, c'est l'envers fauve de toutes ces choses. Une floraison arrogante et mordorée. L'instinct le plus profond. Le plus sombre. Une intransigeance que l'on tente de camoufler sous des sentiments faciles et provinciaux, effrayée par l'ardeur de sa combustion intérieure ; cette pulsion agressive qui n'est ni simple besoin ni demande, mais l'absolu du corps qui conquiert l'esprit. Qui défie la raison, réduit en cendres la vigilance, les bonnes résolutions avec une cruauté inouïe. Entre férocité et féerie, un martyr qui fait désirer à Vanessa cet homme insupportable qui parle dans son dos.

Le tableau pour toute feuille de vigne, Vanessa s'y arrime afin de dissimuler son irritation. Un agacement qu'elle fera payer à la bonne à qui elle avait pourtant répété qu'elle n'était là pour personne. Sans se retourner, Vanessa s'applique à opiner du chef le plus calmement du monde. Elle ne veut pas parler au risque d'être transparente dans sa voix tremblante. Une Ève dénudée qui sent sa faute approcher.

Comment sait-on que c'est terminé ?

Tout s'érige en elle quand il la frôle, les aréoles de ses seins, son cou ; ses doigts tachés d'orpiment qui tentent de rassembler ses cheveux dépeignés en un geste félon. Un mouvement impulsif, trop rapide et affreusement cliché, qui déjoue sa composition. Vanessa voudrait mordre sa main, cette misérable convulsion montée du poison d'entre ses reins, l'épicentre de sa rage. La colère de laisser Clive Bell la titiller, la troubler avec ses questions à la con.

Saint Pierre, le secrétaire des réunions du jeudi ; le premier des apôtres. Pas le plus fidèle mais celui qui arrive toujours trop tôt, afin de s'assurer avec Vanessa un tête-à-tête.

Un type qui a des idées, ça se voit immédiatement. Plein de lui-même, intelligent et cultivé, terriblement grand et blond ; séduisant. Clive Bell étudie la peinture qu'il collectionne. Il a plus de goût que de génie, mais ça ne l'empêche pas de parler. Un vrai perroquet. En lui, les théories sur l'esthétique s'accumulent, comme celle qu'il appelle la *forme signifiante* ; l'idée que la beauté peut être expressive même si son dessin est en rupture avec la réalité. Un truc d'exégète selon Vanessa. De glossateur qui dissèque les intuitions, l'émotion ; qui pense trop au lieu de sentir. Qui commente parce qu'il ne fait pas. Parce que s'il faisait, il saurait que la main ne donne rien au tableau qu'il ne lui rende au centuple. On croit inventer l'œuvre mais c'est elle qui, secrètement, enfante son auteur, l'accouche ; déforme le reflet stable des choses, même les plus ordinaires, vers le dessin abstrait du songe. Comme dans un miroir magique. Qu'est-ce que Vanessa voit ? Qu'est-ce que Vanessa sait ? Que l'art c'est, avec des images, ne jamais rien représenter. L'échec des symboles comme des mots pour décrire les souvenirs futurs et les oublis passés, les charades de l'inconscient. Une chute. Les mouvements bandés d'un corps en suspens, qui attend. D'une femme qui apprend à se voir dans le regard d'un homme qui la veut, et lui répond dans le souffle heurté de ses poumons condamnés.

Je le sais, c'est tout.

Avoir peur de succomber à Clive Bell, n'est-ce pas déjà y être résolue ? Au fond, Vanessa se demande ce qui la retient.

Elle, peut-être. Toujours.

Sa sœur qui fait irruption dans le champ de la caméra et obstrue l'objectif, gâche la pellicule de ce film dans lequel elle n'était pas conviée.

À peine son petit tabouret oublié dans un coin de l'atelier, Virginia se pend au bras de Clive qui, amusé, les regarde l'une puis l'autre ; comprend qu'il y a moyen de jouer. Il cueille un œillet au bouquet que Virginia tient dans sa main et le glisse à sa boutonnière ; tache de sang son veston élégant à l'endroit où Vanessa voudrait lui arracher le cœur. Car quand elle les voit comme ça, ensemble, quelque chose se serre en elle comme un poing. Son estomac rétrécit en un morceau de charbon, sa poitrine est dévorée de braises. Jalouse deux fois car doublement flouée de ces amours qui lui reviennent.

Vanessa ne voit que ça. Virginia qui parle encore plus vite quand il est là. Virginia qui guette, qui pose des questions ; qui devient l'orgueil, l'orgueil parfait. Celui qui ne supporte pas l'indifférence. Celui dont elle ne croit pas sa sœur capable. Virginia qui commente son tableau, *un abrégé de courage*, mais qui ne vaut pas un livre entier.

C'est cette remarque qui décide Vanessa à l'avoir. L'orgueil. Lui.

D'un geste ample de cinéma, elle ôte son vieux tablier et révèle l'encolure échancrée qu'il cache. Détourne sur sa gorge, sur ses seins lourds la focale. Clive de Virginia. Parce que l'important pour Vanessa, ce n'est pas d'être belle, mais d'être plus belle que sa sœur. D'éteindre son corps sec d'allumette, cette chaleur rivale qui empourpre ses joues creusées de cernes lilas. Un bien piètre duel que Vanessa remporte d'un coup rond de hanche. Un triomphe carrément minable. De ces petites victoires qui promettent les plus grands désastres.

Quitte à aller vers la catastrophe, autant marcher vers elle dans la joie. Dans un emmêlement de religion païenne pour que la nuit vienne et noue de drôles de conversations anglaises au 46 Gordon Square.

Son salon est un vase. Il rassemble comme des roses ces grands adolescents ; leurs pétales qui sont autant de pages éparpillées de romans, leurs corolles qui brûleraient moins fort isolément. Trop de fleurs s'épanouissent sans être vues. Si l'on reste à distance, on pourrait croire à une bande de pucerons qui jouent des coudes ; des parasites agglutinés sur leurs propres pistils. Des jean-foutre. D'agaçants coqs de basse-cour pris de folie somnambule. De ceux que leur milieu rend insouciants, habilite à bavarder sur la stupidité humaine, les mauvaises interprétations économiques ou bibliques. Mais en les observant mieux, en plissant un peu les yeux, on pourrait bien découvrir la division échevelée de leurs cellules, la naissance d'une pléiade d'étoiles. Une pluie de météorites entortillées autour de leurs comètes, telles des langues de feu. Une constellation d'hommes et de femmes, de corps, de flagelles et de poils ; tous les filaments du toucher entrelacés dans cet air printanier, légèrement duveteux qui réverbère leur gaieté. Un organisme insolent. Incandescent. Qui dîne de cupcakes et de whisky, de riz au lait et de biscuits. Une eucharistie de sucre et de tabac qui accélère le rythme de leurs paroles ; les transforme en des balles qui rebondissent dans des joutes vachardes, l'inexorable rotation de leur univers. Le monde est jeune à Bloomsbury. Réinventé par ces divinités effrontées qui seraient capables de réciter des cantiques en iroquois.

Pas de chef ici. Seulement des Indiens sans passé ni grammaire, avec pour seule règle de conjuguer sur tous les modes la Création.

Et c'est bien l'Olympe que Leonard Woolf a l'impression de quitter ce soir, lui que le vieux Dieu a oublié de faire rentier avec ses camarades.

Chez des croyants il y a toujours un égaré. Un ravi de la crèche reconnaissable à son complet bon marché comme une toison mal coupée ; à sa honte, celle que les riches n'ont jamais. Un rôle sur mesure pour Leonard et sa mine d'agneau sacrifié qui viennent de louper l'examen final à Cambridge. Soixante-cinquième, autant dire dernier. Sans ressources financières ni talents littéraires, Leonard voit se dérouler devant lui un avenir avachi au milieu de petits fonctionnaires à qui parler est impossible. Alors, comme tous les hommes neufs et déprimés, il choisit l'exil. L'Empire. Administrateur des colonies ; une option qui lui paraît plus aventureuse que celle d'huissier. Plus avantageuse la régence exotique d'indigènes crasseux qu'il pourra poétiser avec, dans ses bagages, quatre-vingt-dix volumes de Voltaire. Du temps à Ceylan pour enfin écrire quelque chose de valable. Un manuscrit qu'il soumettra à toutes les maisons d'édition de Londres lors de sa prochaine permission. Un retour en Angleterre dans six ans si tout va bien. S'il ne se résout pas, d'ici là, à l'insolation comme méthode d'abolition de sa personne.

Pour sa dernière cène, Leonard aurait aimé un grand finale, la lecture d'une pièce à son intention ou de vers spécialement rédigés pour son départ par E. M. Forster. Mais celui-ci se contente de lui souhaiter *bon voyage* avec une vague tape dans le dos. Pire, John Maynard Keynes – qui se croit toujours obligé de dire quelque chose – tente une blague antisémite sur le thème du Juif errant. La goutte de trop. Leonard décide de se saouler la gueule pour ne plus voir ces Judas se presser autour de leur nouveau Messie.

Un être clair-obscur qui suscite déjà les conversions, relègue Thoby dans un coin du salon. Ni féminin, ni masculin. Un androgyne vêtu de lin. Les lèvres boudeuses d'où s'échappe une voix de brise et d'incendie, les boucles châtains ; les traits encore poupins de tout juste vingt ans que rehausse la brillance de ses yeux magnétiques. De ses longs cils baissés et ambigus. Une bête mythologique – centaure ou sirène – qui a la beauté profane d'une image, d'un garçon du Caravage. Un lieu où les bords du monde se rejoignent et remplissent l'entre-deux, accueillent l'infini. Une promesse de ruine et de satiété, à la fois d'être racheté puis définitivement damné.

Le peintre Duncan Grant revient de Paris où il a fréquenté Matisse et Gertrude Stein. Tous veulent l'épater, l'accaparer ; Adrian le premier qui tente de ravir à Lytton Strachey son invité. Son amant.

Affalé sur sa chaise, Strachey le sagace critique, craint pour la férocité de ses articles, a l'air de somnoler. De ne pas écouter la logorrhée convenue d'Adrian sur son voyage en Italie, ses souvenirs des Offices et leurs *chefs-d'œuvre* qu'il ne cesse d'énumérer. On dirait l'un de ces crocodiles qui se tiennent immobiles, camouflés en troncs d'arbres flottants, avant de croquer les gazelles venues boire dans leur étang. Un œil s'ouvre quand Adrian encense *Le Printemps* de Botticelli : *Tu l'as goûté ?*

Adrian ne sait plus quoi dire, ne comprend pas cette question.

Et Strachey d'expliquer qu'il est impossible de juger objectivement une œuvre, d'en comprendre la faim, la genèse, si l'on n'y met pas la bouche comme lui-même l'a fait. Il faut en lécher le grain quand le gardien du musée est retourné. Vérifier si sa saveur, avec le temps, est restée verte, si elle ne s'est pas émoussée. Si son sel est toujours piquant, aigre de fièvre à l'angle où Botticelli a drapé un adorable Mercure. Remonter avec la langue son *contrapposto*, ses sandales ailées, sa hanche chaloupée. Son épaule.

Bon, et quel goût ça a, alors, un chef-d'œuvre ? Adrian coupe court, excédé. Il avale une lampée de whisky pour ne pas perdre toute contenance, mais la réponse de Strachey lui fait ressortir l'alcool par le nez : *D'une bite, naturellement !*

Vanessa assiste à cette réclame de chair avide comme si elle n'était pas conviée, comme de l'autre côté d'un hublot. Depuis la périphérie de l'arène où elle fait tapisserie, elle regarde les autres rire de *oh !* et de *ah !* en sirotant un brandy. Un verre – et peut-être encore un ou deux – pour supporter Leonard qui lui tient la jambe avec des souvenirs qui ne lui disent rien ; sur leur première rencontre lors d'une visite chez Thoby quand ils étaient encore à l'université : *Virginia et toi, vous étiez resplendissantes, deux vraies apparitions ! C'était comme tomber nez à nez avec un Vélasquez dans un musée, ou un Rembrandt ! Je n'arrivais pas à décider laquelle je préférais, même si je crois que ta beauté est plus constante !* Si c'est comme ça qu'il pense réussir à la draguer…

Cette mise à l'écart de la soirée et de son action principale, présente au moins pour Vanessa l'avantage de pouvoir observer Duncan Grant. L'étudier tranquillement. La manière qui est sienne de bouger un peu plus lentement.

La beauté est nettement plus compliquée que le charme d'un corps ou d'un visage ; plus opaque que la surface de la peau. Elle se dit en transparence, s'affirme dans le contour délié d'un mouvement. Cette façon qu'il a d'agiter légèrement ses doigts pour chasser, comme un trait de soleil ou une abeille, une mèche égarée sur son œil. La grâce. Le trouble d'un geste que Julia et Stella avaient, elles aussi, l'habitude de faire. Le miracle d'un effet d'optique, d'une main en forme d'hélice qui effleure la paupière, remonte le courant de souvenirs vécus ensemble sans qu'on ne le sache. Une envoûtante impression de déjà-vu, bouleversante même. Au point que Vanessa doit réprimer son envie de planter là Leonard et de traverser la pièce ; d'aller s'emparer de cette main pour en embrasser la paume.

Pourtant Vanessa sait que sa caresse ne lui est pas destinée. Une règle tacite qui, jusque ici, ne l'avait pas dérangée. Au contraire, ça l'avait même rassurée cette voltige de chambre en chambre qui contournait désormais la sienne. Mais avec l'arrivée de Duncan, ça promettait de se compliquer.

Au 46 Gordon Square, l'amour se peint et s'écrit entre hommes. Les disciples ne baisent qu'entre semblables ; parfois même entre cousins, comme Strachey et Duncan. La morale n'est jamais un frein sauf quand il s'agit de la toucher. Elle. Les apôtres restent des gentlemen qui s'arrêtent net à la limite du mariage et des gosses ; de la boutade grivoise en demandant si la trace de peinture blanche au bas de sa jupe est une tache de sperme. Tout juste bons à bluffer. À la narguer pour occulter que Jésus était aussi suivi par des Saintes Femmes. Des Marie-Madeleine exclues de tout ce qui compte dans cette existence – les écoles, la politique – jusqu'aux orifices ; et qui voudraient clamer la Résurrection de leur corps. Leur droit à la sexualité.

Je suis sûre de vivre davantage en une minute de marche que vous autres à copuler !

Virginia fait glousser l'assemblée. Contente de son effet, elle tire une bouffée bravache sur son fume-cigarette. La fraise de sa clope clignote, rouge tel un petit brasier.

Elle a beau jouer à celle qui n'est pas intéressée, il n'empêche, Virginia épie avec l'âpreté des commères la géométrie éphémère de ces passions interdites. Une fouineuse qui écoute aux portes comme si elle entendait pour la première fois. Avec dans le regard effaré une sorte de virginité étonnée, désespérée de frissons et d'émois. Car elle sent bien que ça lui manque, ce quelque chose d'incertain qu'on lui refuse et dont elle voudrait aussi témoigner ; cette part de fécondité, d'être à même l'écorchure. Une plénitude de l'étreinte qui pénètre, il lui semble, au plus nu de l'écriture.

Alors, Virginia rit d'une main en provoquant Clive assis tout près d'elle. Dans son style habituel, amusant mais qui met mal à l'aise ; qui exaspère Vanessa habituée à son manège. Elle est lassée de voir sa sœur occuper le centre de la scène en se moquant d'elle-même, répéter qu'elle est *fêlée.* À la lumière d'un abat-jour, Virginia montre à Clive la porcelaine ébréchée de sa tasse de lait pour refuser le whisky qu'il lui tend. *Le Dr Savage dit que l'alcool me stimule beaucoup trop.* Et voilà qu'elle fait maintenant semblant de s'excuser pour son manque de retenue. Une autodérision seulement maniée pour atteindre plus fort le cœur de sa cible ; pour produire un effet de contre-pied quand elle mentionne, presque en passant, son nouveau contrat avec le Graal. Le *Times Literary Supplement.* Un compte rendu d'ouvrage à signer chaque semaine.

C'est brillant et, en comparaison, Vanessa a l'air d'une nulle. D'une grincheuse qui l'interpelle depuis son angle oublié. La voix un peu éraillée, elle demande des nouvelles de son fameux roman : *Ne le lira-t-on jamais ?*

Il y a dans le silence général qui suit cette attaque toute la gêne, tous les non-dits d'ambitieux qui regardent l'avenir avec la fixité de l'angoisse. Des écrivains qui perdent leur panache quand on leur demande s'ils ont déjà publié des livres. Des peureux qui racontent leurs histoires sans bouger les lèvres, sans oser les dire, installés dans le jeu aisé de la critique quand l'art est un péril qui donne envie de pleurer. Pas d'organiser une conférence. C'est une rage qui doit se montrer, sur laquelle il est impossible de faire cours sans l'altérer. Sans la trahir. Ici, à Bloomsbury, tous feignent de se ficher des conventions, de vivre hors du temps, de se suffire à eux-mêmes mais, en vérité, chacun est torturé par le doute de voir un jour son talent célébré là-dehors. Encore faut-il trouver le courage d'y aller.

Une hypocrisie qui fait visiblement bouillir Vanessa. Strachey tente de détendre l'atmosphère – *Nous devrions nous baptiser le Salon des ratés !* – mais la jalousie et le brandy finissent par faire déborder Vanessa.

Je vais montrer mon travail à la New Gallery !

L'un des lieux d'exposition les plus en vue. Une sortie aussi tonitruante que si elle s'était levée et avait crié ; qui détourne vers elle l'attention de Clive, pique la curiosité de Duncan Grant. Les feux de la fête enfin braqués sur Vanessa. Ils décomposent, dans leur halo pailleté de voix sonores, le visage de Virginia qui glisse ; se dissout jusqu'aux couleurs sous-marines de la nuit et de ses chimères.

Le fauteuil dans lequel Vanessa s'est assoupie devient une main à la ramure large des arbres. Les branches sont faites d'un cuir palpitant et fin. Des doigts gantés roses de pulpe, ramassés comme une corbeille pour la cueillir. Ils ondulent, serpentent et s'enroulent autour de Vanessa ; de son ventre et le travaillent patiemment jusqu'à l'amande. Jusqu'à son noyau durci dans un velours iridescent de bulles.

Le plaisir se contracte en un gémissement.

Vanessa sursaute du rêve à la lumière d'une lampe solitaire. Une lampe d'Aladin. Dans son éclairage surexposé, le bouquet d'œillets est d'un carmin puissant et irréel. Phosphorescent. Une nature morte surnaturelle qui éclabousse le mystère de la nuit ouatée du salon déserté. Les yeux gonflés de Virginia. Ils en émergent allumés, ronds comme ceux d'un phare. Fous. Leurs cils humides sont emmêlés par ce qui a dû être une bonne crise de larmes. La violence de la crue se lit dans son cou dardé de rougeurs ; sur ses lèvres enflammées et vermeilles. Un ensemble qui donne à Virginia le profil vaporeux d'une nymphe botticellienne, une figure de noyée. Celle que l'on aura tous quand il s'agira de crever.

C'est ce désespoir-là qui monte derrière sa peau, suivi par la surprise, la colère. Cette terreur qui trouble le regard et ferme le corps, fait supplier Virginia : *Promets-moi de ne jamais m'abandonner !*

Une prière puérile qui n'ose pas dire son véritable objet – *promets-moi de me laisser Clive, promets-moi de me laisser la célébrité* –, à laquelle la seule réponse possible est celle d'une mère fatiguée. Cruelle aussi. Parce que Vanessa aime ça, comme elle aime Virginia. Le grand amour est plein de bassesse.

Vanessa embrasse sa sœur sur le front, son enfant qu'elle envoie se coucher.

Avant d'éteindre la lampe, elle ne peut s'empêcher de saisir le bouquet. Avec une joie lente, elle y plonge sa face et le respire tout entier, fourrage dans leurs corolles éclatées. En mange les pétales.

Sur sa langue pique une fraîcheur douce-amère, verte. Le goût éternel de la jeunesse et de sa vanité.

Vers 1908, Vanessa peint *Iceland Poppies* ; c'est son plus beau tableau je crois. En tout cas, c'était le préféré de Virginia. Trois éléments de vaisselle y sont groupés tels des personnages. Des objets épars, ramassés un peu partout dans la maison de Gordon Square et assemblés, mais dont chacun semble isolé. Enfermé dans une solitude infranchissable. Les couleurs sont argentées, froides, presque absentes. Le pied de la toile est souligné par trois coquelicots allongés. Deux pavots blancs légèrement distants du seul rouge. Une intense et délicate trace de sang.

Une composition inexplicable qui fait pourtant l'effet des moments de vérité, de ceux qui sont l'inverse de la cécité. Un arrangement à propos duquel Virginia s'exclamait : *Toute ta peinture est une histoire insaisissable.*

Je l'imagine avouer ça à sa sœur avec une admiration pleine d'alarme. Comme quand on regarde le soleil en face et que reste sur la rétine une tache ; une brûlure éblouissante qui rappelle la souffrance de désirer l'inaccessible.

En 1916, Vanessa reprendra le motif du coquelicot dans un autre tableau. On dirait qu'il n'a pas été exécuté par la même main tant il est différent du premier ; cet étrange service dressé sur un coin de table. Rien à voir !

Dans *Nude with Poppies*, une femme nue aux cheveux dorés, aux contours abstraits, est étendue. Elle remplit toute la toile, elle déborde presque. Elle est tellement grande, tellement pleine, qu'elle doit plier ses genoux, croiser ses bras sur sa tête en une sorte de bien-être fœtal. Les coquelicots délaissent leurs petites jupes froissées pour éclore juste au-dessus d'elle. Ils deviennent de gros fruits, chatoyants et rebondis, aguichés par son ventre et ses seins. D'entre ses cuisses cerclées d'or, on croit voir la poussée des tiges, plantées à même la peau travaillée en larges aplats vifs et roses, offerte. En rien obscène ou alanguie, simplement épanouie. Puissante.

Le désir inaccessible, c'est jouir.

C'est sortir d'une vie dans laquelle on ne peut voir que nos pensées, dans laquelle nos corps ne sont pas faits de chair.

C'est jaillir du cadre d'*Iceland Poppies*, ce portrait désincarné, pour devenir une autre. Cette personne que l'on a toujours voulu être et pas seulement une forme tirée du flanc de Julia, de Stella, de père, des regrets.

Au début, je pensais que Vanessa avait voulu refléter la mort de Virginia dans ces pierreries mentales. Une symbolique de son être éphémère, de sa nature de locataire. De fille-fleur. L'Annonce inexorable de sa disparition lointaine. L'opium du flacon médical et le vide de la petite coupe d'albâtre ; le pot d'apothicaire à la brillance de crâne, un cratère pour ses cendres couronnées de fugaces vivaces. Mais en découvrant *Nude with Poppies*, je pense maintenant que cette verroterie creuse les représentait ensemble dans leur difficulté à aimer. À accepter la peur et faire ce qu'il y a à faire. Tout briser.

C'est la sexualité qui instaure un espace propre. C'est cette pulsion qui m'a fait me foutre des sentiments, même de ceux pour ma sœur. Et qui m'a fait comprendre que ce n'est plus la peine de craindre le corps de tous ces gens ; d'avoir honte de ce trouble qui ressemble à de l'envie, à un sursaut de vanité.

Une révolte contre tous les discours qui me faisaient manger trop et ma sœur pas assez, une même façon de nous désintégrer. Contre ma mère qui répétait sa fierté de n'avoir connu qu'un seul homme, contre mon père qui montait le son de la radio quand on rapportait un viol. Une mise en garde qui ne m'a pas protégée mais qui m'a culpabilisée.

Parce que la bonne héroïne, pour rester innocente et éthérée, ne doit pas se laisser aller à ses aspirations. Elle ne doit pas se laisser tromper par la mauvaise héroïne ; par sa copine dévergondée qui l'encourage à la suivre avec ces garçons inconnus.

Celle-là, Henry James la décrit robuste et blonde, séduisante et intrigante. Aimant sûrement baiser.

Portrait de femme, Isabel et Mme Merle.

Ce duo, tout le monde le connaît d'une façon ou d'une autre ; c'est celui qui sert à inculquer la peur du feu.

Pourtant, même brûlée, je laisse *Iceland Poppies* à Henry James, à mes parents, à Virginia.

Je prends l'autre panneau du diptyque, le plus laid. Celui que Vanessa a tellement travaillé avec son couteau qu'il semble écorché.

Je me perds dans le cœur sombre de ses coquelicots ventrus, des culs tendus en l'air. J'écarte ce trou noir, c'est ça que je veux voir.

Le portrait d'une femme qui bande.

Les gens sont comme les roses. Même rassemblés dans un vase, ils finissent par séparer leurs tiges ; à pendre leurs pétales longs et mous dans des directions opposées. Avant de les laisser tomber.

Toujours accrochées, les langues ballantes du 46 Gordon Square parlaient, parlaient. Elles s'épanouissaient en un parfum capiteux, écœurant d'alcool et de foutre. Séductrices et chétives, elles cognaient contre nos dents affamées de réussite. De plus en plus vite, à mesure que le manège ralentissait. À mesure que l'horizon rétrécissait tandis que nous devenions des artistes recherchés. Reconnus. Ceux du Bloomsbury Group. Déjà un nom de vieux cons pour des avant-gardistes avec un avis sur tout. Le signe authentique du succès.

Désormais, dans le salon du jeudi, chacun assis sur son canapé protégeait son ressenti étriqué, s'écoutait réciter en regardant l'amour passer. En le remplaçant par des plaisanteries vulgaires ; de la pornographie pour faire durer encore un peu la nuit. La légèreté qui avait lié nos débuts, nos amitiés, d'année en année éventée. Plombée par chaque nouvelle échappée de Duncan. Ce cœur d'artichaut, ce bel oiseau impossible à attraper. À mettre en cage. Qui se donnait à l'un, à l'autre. À tous, pas longtemps.

À moi, jamais.

Une petite pute qui, sans cesse, me repoussait. Si belle que je ne pouvais m'empêcher de la regarder. Même dans la tristesse, même dans la colère.

On peut raconter ce que l'on veut sur les amours libres ; sur le bonheur encouragé par une fluide mécanique des affections. La vraie passion ne sait pas partager. Elle est fureur de posséder en entier.

C'est dangereux de croire que l'on y est arrivé, quand on commence à être content de ce que l'on fait. Quand on se regarde écrire, discourir. Peindre. Quand on joue le jeu ; du moins, que l'on sait faire semblant de mieux en mieux.

De tous les apôtres, j'étais celle qui déclamait son rôle avec le plus de ferveur. Une foi fougueuse, tellement hargneuse que je me prenais pour Dieu.

J'étais devenue Jésus, mon propre Messie ; l'hôtesse spirituelle qui divertit son monde chaque vendredi. Officiellement émancipée du jeudi pour fonder ma galerie de disciples. Un autre groupe pour m'approprier cet humour formaté par Cambridge que je me plaisais désormais à manier. *Bugger* presque à chaque phrase ; quand quelqu'un s'inquiétait de ne pas voir arriver Duncan ou Adrian, je répondais des choses du type *"bloqués dans leur station de métro préférée"*. J'attendais bien sûr que l'on me demande laquelle pour pouvoir prononcer : *Sucking Sodomy!*

Ça ne devait pas compter. Ça ne devait pas faire mal quand je les surprenais en train de s'embrasser.

Ça ne devait pas se voir.

Ce qui importait, c'était d'inventer une nouvelle esthétique. Amener Paris à Londres, faire entrer la modernité en Angleterre. Je voulais imiter Van Gogh et dépasser Picasso. Travailler à la manière de ceux qui peignent avec la lumière plutôt qu'avec les couleurs ; un art comme un écho au sacré des icônes. À tout ce que des pommes peuvent être dans un tableau de Cézanne.

Je voulais faire tomber des yeux les écailles, montrer enfin nues les femmes. Ni mièvres, ni voluptueuses, ni saintes ; des étrangères à celles qui apparaissent partout dans les peintures d'hommes. Les miennes seraient effrayantes et formidables. Splendides. Libérées de cette même dizaine de poses que prennent toujours les modèles dans les classes de la Royal Academy.

L'heure avançant, le vin aidant, les soirées du club se déplaçaient souvent dans mon atelier où elles se transformaient en danses rondes de Matisse. En séances improvisées où croquer ce fruit auquel hommes et femmes espèrent mettre la bouche. Où se rapprocher de Duncan.

Maintenant que le passé me donne le temps de me retourner, je ne peux m'empêcher de me demander si je n'ai pas fait tout cela que pour lui. Pour l'accaparer, pour le détourner des autres du Bloomsbury ? Pour qu'il me regarde ! Pour l'exciter quand l'alcool le rendait vulnérable ; mélancolique quand il ne savait pas quoi dessiner. Alors, je me déshabillais devant tous, devant lui ; me prenant pour la sensuelle Aphrodite, Athéna lançant un défi : *Dessine-moi !* Une femme forte qui se contredit. Qui se donne au Jugement d'un homme plus petit quand tout pour elle devenait grand. Quand tout devenait possible. Lui s'exécutait avec son éternel sourire détaché ; son indifférence amusée qui me condamnait au destin d'Artémis, une pauvre vierge frustrée. Une pauvre fille.

C'est là que je me suis perdue.

C'est là que je l'ai trahie.

Virginia avec qui j'avais pris à mon père les flèches et le carquois. Celle contre qui j'ai finalement retourné l'arc. Contre moi. Parce que je comprends maintenant qu'enlever du pouvoir à une autre femme, c'est toujours s'armer contre soi.

Le visage de ma sœur n'était plus qu'un spectacle, il avait perdu sa voix. Un pays d'haleine qui ne parvenait plus à mon oreille lassée de ses misères, arrivée à bout de sa démesure. De sa façon de me coller au train, de vouloir faire atelier commun.

Elle s'obstinait à écrire debout à un pupitre, à côté de mon chevalet. Croyant ainsi en capter la dignité ; le secret pour voir surgir sur les lignes de son cahier, dans les boucles d'encre qui les recouvraient, quelque chose du geste de la peinture. De cette pensée mystérieuse du pinceau qui anime les images et ressuscite les figures. Une magie qu'elle voulait me voler car je ne voulais plus partager.

Elle tentait de réveiller notre complicité, de m'adoucir en m'affublant de sobriquets anciens ; de ce nom d'animal que je trouvais insupportable : *Mon dauphin !*

Celle qui savait nager.

Je ne l'entendais pas, j'en étais devenue incapable. Je me contentais d'observer, de ce mince regard qui me restait du fond du froid, ses traits s'amincir, rétrécir. Un intérêt sadique, peut-être un plaisir, à la voir disparaître. À la voir devenir un squelette qui, pour tenter de s'épaissir, de plaire, se costumait de fourrures, de hauts chapeaux à aigrettes ressemblant aux ailes de Mercure. Des bizarreries vestimentaires dont le sillage soulevait dans la rue des moqueries.

Une autre danse. Celle d'un corps macabre, d'un oiseau chétif qui s'écrasait contre ma charpente ; contre ma tête baissée. Mon ambition de bison. De sale vache qui fonçait à vive allure dans son destin. Dans le tas. Dans ce que je croyais être le seul chemin. Ne rien lui laisser, tout prendre.

Les dieux de la haine et de la pitié sont de la même famille. Sous mes accents maternels, se cachait une ogresse. Au moment des repas, je lui répétais sans cesse de manger – *Tu ne vis que d'air !* – avant d'ajouter : *Je sors avec Clive cet après-midi.* Le plus sûr moyen de lui couper l'appétit.

De le faire tourner en bourrique lui aussi ; ce collectionneur que je faisais cavaler alors que j'en voulais un autre. Clive Bell qui n'avait pas l'habitude de se voir refusé ; dont les assauts redoublaient chaque fois que je me dérobais. Dont je m'approchais juste assez près pour le sentir s'allumer. Pour m'amuser, pour me rassurer.

Pour empêcher Virginia de le posséder.

Est-ce que je le faisais exprès ? Je ne me souviens de presque rien, sauf des cris. Des querelles et de leurs phrases qui se dilataient entre les non-dits. Entre les *Tu es intenable* et les *Je suis incomprise.* Des mots autant de fois prononcés que ceux réécrits dans ce roman qu'elle ne parvenait jamais à finir.

Aujourd'hui, au bord de l'Ouse, chaque mot revient me frapper.

Frappe à la figure de celle que j'étais.

Que je suis encore.

Je voudrais couvrir de ma main les yeux de ces mots, qu'ils arrêtent de me regarder.

Les yeux de Virginia dans lesquels je voyais briller l'image de Clive. Une étoile sous sa paupière qui me le rendait tout à coup attirant ; une étincelle que je versais sur de l'essence à l'odeur inflammable. Celle de la térébenthine répandue par chacune de mes expositions, où j'étalais ma revanche sur cette fille tardive. Inférieure. Dont on comparait désormais les branches décharnées aux fruits que je récoltais. Sur laquelle je pouvais enfin l'emporter.

Ma sœur aimée pour sa pureté. Mon ennemie jurée dans la guerre qui venait. Cette guerre qui commençait à gronder ; la première qui devait être aussi la dernière. La Der des ders. La pire dispute ; celle qui devait tout régler. Solder les comptes à jamais.

Dans une guerre, il y a les morts et ceux qui survivent. Eux aussi portent des blessures.

Je reste meurtrie de cette période de ma vie ; certainement la plus déchirante et la plus féconde.

De désirer Duncan.

Cette douleur implacable, je l'avais ressentie le soir qui allait clore le cycle du club du vendredi.

C'était au tour d'un homme de se dévêtir, de jouer au modèle pour les autres membres du groupe. Cette fois, l'assistance surchauffée exigeait le retrait du pagne qui enroulait d'ordinaire les hanches. Un blanc ceint dont se protégeaient toujours les muses masculines, mais dont on n'abritait jamais les femmes.

Bien sûr, Duncan était volontaire pour s'éplucher entièrement.

C'est terrifiant de beauté un homme nu, le sexe pendant. Fragile sous la toison tombant du nombril. Un champ d'herbes sur une terre d'argile. Les bourses qui lui poussent du corps, leur éclat velouté. Leur poids de feuilles détrempées. Une autre force. Une autre volonté.

Un sentiment immense qui faisait trembler ma main ; appuyer l'index sur mon fusain jusqu'à ce que l'ongle blanchisse.

Je l'aimais sans appel. Sans retour.

Et il fallait que je mette fin à ce tourment, que j'arrête de le voir quitter chaque soirée avec un amant différent.

L'issue de secours était dans la fuite. Depuis un moment, Thoby nous tannait pour que l'on reparte en voyage pour nous apaiser, pour nous retrouver. Ensemble tant que c'était encore possible, Adrian et lui, Virginia et moi. Tous les quatre une dernière fois.

Dans le dédale de l'Acropole, je voulais mettre au repos mon regard, faire se replier, là où les murs se descellaient, l'ombre de Duncan. De Nauplie à Olympie, je croyais franchir de porte en porte les étapes d'un pèlerinage, apprendre que les gestes et les mots n'étaient que des saisons qui passent.

C'est à Corinthe qu'Aphrodite m'a finalement rattrapée. Elle m'a maudite dans une église construite sur le vestige d'un temple défait, où plus personne ne l'honorait. D'entre les dalles calcaires, il me semblait voir s'échapper le mirage de corps emmêlés, de rites anciens venus me hanter.

La typhoïde se déclarait.

Après sept jours d'une fièvre terrible et de nausées, une accalmie dans la maladie m'avait laissé croire que l'on pouvait continuer jusqu'à Constantinople. À peine arrivés, alors que j'étais toujours mal en point, ce fut au tour de Thoby d'afficher une mine déconfite. Adrian plaisanta d'abord en disant qu'il nous refaisait le coup de Venise, que sa jaunisse n'était qu'imaginaire. Mais quand Thoby devint incapable de manger ou de se lever, il fut le premier à plaider pour que nous rentrions à Londres par le prochain Orient-Express. Au cœur battant du train, le soleil virait à nouveau au gris des cendres. À la nuit.

Je tenais encore le lit quand Thoby est parti.

Une fois de plus chez les Stephen, la mort jouait sa partition avant l'heure. Elle s'abattait sur Bloomsbury pour mettre fin à notre jeunesse, souffler ses clartés. Ces flambeaux que Thoby avait voulu dresser contre nos ténèbres.

Déjà leur cauchemar recommençait ; ma sœur voyait des ombres ramper vers elle. Celles du passé, celles des spectres. Celle du roi Edward qui chiait parmi les azalées de Kew Gardens ; qui tenait des propos orduriers au bas de sa fenêtre. Des harpies au-dessus de sa tête qui tournaient en rond. Elles tournaient, tournaient…

Moi aussi, j'étais possédée.

Pour les Grecs de l'Antiquité, la fièvre était une fumée, une vapeur qui montait au cerveau et l'embrumait d'orgueil. Ce mépris sans borne que je ressentais pour Virginia, pour ce que je considérais comme d'égoïstes simagrées. Et maintenant que j'avais failli y passer, il n'était plus question de me laisser à nouveau enfermer dans cette vie avec elle. Avec son fardeau.

Aussi, quand Clive Bell – qui n'avait quasiment pas quitté mon chevet depuis notre retour – m'avait demandé de l'épouser, je m'étais sentie soulagée. J'avais répondu *oui* avec une précipitation qui lui avait paru extraordinaire, à laquelle je ne l'avais pas habitué. Deux jours après la mort de Thoby. Aucun embarras pour la chronologie, le temps me pressait.

Je revois Virginia quand je le lui avais annoncé.

Elle se tenait devant moi comme une avalanche immobile. Fermée et hostile. Les yeux grands et troubles, ceux d'une mare.

Tout à coup, elle trouvait Clive grossier avec l'argent que sa famille avait déterré dans des mines du pays de Galles. Trop massif avec sa mâchoire carrée, ses cheveux longs, blonds délavés. Elle criait que père et Thoby ne l'auraient pas accepté. *Thoby, parlons-en d'ailleurs, Clive ne lui arrivera jamais à la cheville !* L'amour entre un homme et une femme était donc, pour Virginia, toujours semblable à celui d'un frère pour sa sœur.

Elle sombra ensuite dans une profonde torpeur, se laissa complètement envaser pour se retirer du courant du monde, ne plus du tout s'alimenter. Le Dr Savage prescrivit une cure à Burley House, une maison de repos privée à Twickenham. M'en parvenaient des lettres effroyables, des sentences aux accents menaçants de prophéties.

Un jour, je te décevrai.

Je vous séparerai.

Dans un paquet, le médaillon oublié de Stella. Celui de mes quinze ans que je pensais perdu. Virginia y avait glissé le portrait de notre défunte sœur ; une pitoyable mise en scène pour tenter de m'effrayer. Pour me rappeler que se marier peut tuer.

Je n'en pouvais plus.

Quelque chose s'était scellé, quelque chose d'impossible à défaire. Une tristesse. Cette affliction "sans raison" du lendemain de la noce, quand on regarde ses mains qui ne peuvent plus dénouer ce qu'elles ont lié.

Quand Virginia revint de la maison de repos, je lui demandai de déménager. Un jeune couple n'a-t-il pas besoin d'intimité ?

Tu me mets dehors et tu confisques tout ce que nous avons inventé ensemble !

J'avais déjà tout organisé ; une location avec Adrian à Fitzroy Square, toujours dans le même quartier.

Tu as la tête sur les épaules pour une femme amoureuse…

C'est vrai, je voulais me débarrasser d'elle. Mais aussi d'Adrian, de Duncan, de tout ce chagrin. De tout ce qui colle, poisse. Oppresse. Et pour cela, il fallait que je scie, fende, vrille, casse. Blesse.

Il fallait que je fonde ma propre famille à vingt-huit ans passés.

Dans ce temps endeuillé, je m'arrangeais les cheveux en couronnes de fleurs, je m'adonnais avec complaisance à l'optimisme des mariées. Ce temps avant d'arriver à satiété de l'autre. Un comportement qui apparaissait à tous indécent. Des cafards qui grattaient néanmoins à notre porte, qui reniflaient notre chambre close. J'étais sûre qu'ils se disputaient le trou de serrure.

Il n'y avait de la place pour rien d'autre que cette soif débridée ; celle qui caractérise le début d'une relation, le frisson d'un homme fou de moi. J'étais ivre de ça. De cette fusion du sexe, une frénésie de chair qui me faisait coucher avec Clive à la manière d'une proie. Une araignée qui ensevelit une mouche dans sa soie, comme un repas. Un amour charognard qui aimait s'observer dans le miroir quand il me prenait par-derrière ; l'œil globuleux de plaisir sortant de mon crâne macabre. Parfois, je l'attendais à plat ventre sur le lit, gisant satisfaite des clapotis dans le cloaque de mon sexe. Je ricanais, dents découvertes, sur mon con pivoine. Le visage hystérique et joyeux qui explosait par saccade.

Prendre l'autre comme on prend le pouvoir, la réussite. Son nom.

Vanessa Bell.

Une autre identité dont je signe depuis tous mes tableaux, différente de celle de mon père. Elle sonnait ma destinée dans l'abandon de ma virginité.

Vanessa Bell.

Rien que ces deux mots avaient l'air de parler. J'y entendais quelque chose de libre, de vivant. De pas congelé dans la boue comme des os préhistoriques. Ceux de Vanessa Stephen. Un nom de vieille bique, de présidente de club de bridge, de victime assassinée.

Les femmes n'ont qu'un prénom ; pas d'autre choix que de se construire dans un nom d'homme. Celui de

Bell, je l'ai avalé, je l'ai dévoré avant que ce ne soit lui qui ne me digère, comme le nom de mon père l'avait fait avec ma mère. Je l'ai incorporé par effraction dans un acte glouton de création afin de m'augmenter.

Une sensation qui s'était faite encore plus présente lorsque j'étais tombée enceinte. Une impression d'évoluer en de la matière pure. De grandir dans ma peau qui devenait étroite, dense, qui se divisait et se démultipliait. Une marée qui montait de mes pieds à ma couronne.

Un épanouissement dans lequel je dessinais le premier portrait de mon fils en enfant-pétales. Un bébé juteux, joufflu, coiffé d'une crinière de marguerite. Une auréole pour mon bienheureux, maintenant disparu lui aussi.

C'est beau un fils pour une femme, ce pouvoir de créer l'autre, de le nommer. De se croire enfin souveraine.

Je l'avais appelé Julian. Il avait peut-être le nom de son père, mais le prénom c'était moi. J'avais pensé que ça s'aimerait d'une manière particulière un Julian ; un prénom pour qu'il soit aimé par d'autres, pour qu'il s'en aille un jour. C'est quelque chose d'unique, ça n'existe pas ailleurs dans l'amour ; choisir le prénom de celui que l'on aime.

Parce qu'il s'agissait bien d'une histoire d'amour. La plénitude que je ressentais quand je l'allaitais – la même que dans le sexe –, je la reconnaissais.

Virginia ne comprenait pas. Elle ne voyait pas la gloire qu'il y avait à bercer, à baigner un enfant. À soulever l'univers, à le porter de ses reins à son sein. Ça l'écœurait même, cette envie que j'avais de m'occuper de mon petit. Simplement, comme un animal. Ce truc impudique, toujours au bord du ridicule ; un peu cru, un peu sale, dont il n'y a pourtant rien à la hauteur. Une douceur, une rondeur qui me différenciait radicalement du corps de ma sœur. Maigre comme un clou, dur à enfoncer. Une poitrine effacée qui m'opposait : *Tu as ton enfant, j'ai mes écrits !*

Et ton roman, où ça en est ? C'est ce que je lui répondais pour retourner le couteau dans la plaie, pour lui couper le sifflet.

À elle ; à cette haine des mères qui voit en nous des êtres démembrés, des esprits ruinés, incapables à la fois de réussir et d'engendrer.

J'avais les deux.

Mieux ! La maternité amplifiait mes capacités. Quiconque crée un jour et abandonne une part de soi aux autres connaît cet absolu. Cette chaleur née du ventre. Le monde entier était devenu une œuvre d'art et j'y participais.

Je retombais enceinte immédiatement.

Cette force débordait sur ma peinture et avait interpellé Roger Fry. Un peintre plus âgé, un influent historien de l'art qui organisait à la Grafton Gallery une grande exposition sur Manet et les post-impressionnistes. Un courant dans lequel il classait mon travail. Cette perspective soulevait en moi un tel enthousiasme que je voulais préparer de nouvelles choses à montrer. Mais il fallait pour cela que je trouve une autre atmosphère, une autre lumière. Je persuadais Clive de me laisser passer l'été à la campagne, où je pouvais travailler dans le calme tout en menant à bien ma grossesse.

C'est comme cela que je me suis rendue pour la première fois dans le Sussex, non loin de Charleston ; un arrière-pays moins couru que sa célèbre voisine Brighton. Cette parcelle du vaste monde, cet îlot de terre découpé de sinueuses rivières où se jouerait le reste de la scène. Le reste de ma vie. Celle de Virginia aussi.

Sur les rives de l'Ouse, j'avais eu le sentiment d'avoir trouvé un centre. Un lieu, un débris d'harmonie. Quelque chose de St Ives et de l'enfance ; de cet âge ardent dont on reste pour toujours apatride. Un pays en avant de moi, un horizon ouvert arraché aux souvenirs, à la nuit ; où peindre à nouveau de l'aube, un grand soleil. Où je pouvais m'enraciner et fleurir.

À la Grafton Gallery, j'apportais du Sussex des peintures concentrées, sûres d'elles-mêmes et de leur charisme. Des baigneuses aux formes simplifiées et aux statures de cariatides ; des meules de foin comme des blocs de nuances brossées par la lueur. Des portraits aux lignes synthétiques, des bouquets de fruits à la peau chauve et brillante, presque provocante.

J'y exposais avec Duncan. À côté de mes tableaux, la facture de ses figures apparaissait plus naturaliste, plus classique. Plus terne. La supériorité de mon travail était alors impossible à questionner, je le savais. J'étais meilleure que lui, avant que je ne le laisse prendre toute la place.

Pourtant, je tremblais en regardant ses yeux aller de mes toiles à mon visage ; intrigués, intimidés. Stupéfaits. Ils me voyaient enfin avec de l'intérêt, avec du respect. De l'amitié.

L'exposition fut un échec. La critique la plus élogieuse comparait mon sens de la couleur à celui d'un décorateur de plateaux à desserts.

Dans les larmes de rage, je fis une fausse couche. Puis une autre.

J'étais déprimée, je restais couchée.

Roger Fry passait beaucoup de temps à me réconforter, Virginia aussi. Dès que je les voyais discuter, se rapprocher, je sautais sur mes deux pieds.

Il me fallait renouer avec l'inspiration, l'euphorie. Il me fallait un second enfant.

Je harcelais Clive constamment. Lui voulait attendre, ne voyait pas ce qui pressait dans les langes, les tétées, la fatigue, les réveils au milieu de la nuit. Tout ça l'ennuyait.

J'arrivais à mes fins avec Quentin, mais quelque chose s'était éteint.

Quelque chose s'était fermé dans le visage de Clive.

La passion avait cédé à une expression blessée d'enfant gâté ; celle qu'il affichait dès que je ne voulais pas baiser – *Tu m'as pris ce qui t'intéressait !* Tout le rendait jaloux depuis la naissance de notre cadet. Il se sentait délaissé.

Je ne sais plus qui de lui ou moi avait proposé d'aller voir ailleurs si ça nous chantait. Certainement moi, lassée comme je l'étais par ses sempiternelles récriminations. Parce que je n'avais pas envie de sortir avec lui, parce que je ne voulais pas confier nos fils à une nurse, parce que je préférais m'occuper d'eux.

Déconcerté, Clive découchait de plus en plus souvent ; c'était à peine si je ne l'y incitais pas. Nous racontions à notre entourage que ce libertinage attisait notre flamme mais, en réalité, il servait surtout à nous faire mal.

Pour ne pas être en reste, je me mis à entretenir une liaison avec Roger Fry. Quand Clive croyait déceler son odeur sur moi, il me prenait avec une ardeur redoublée. Une jouissance beuglante et revancharde.

Les règles de cette jalousie, Clive savait les manier mieux que moi. J'étais battue d'avance. Quand le défilé des maîtresses me laissait indifférente, il lui suffisait de mentionner une promenade avec ma sœur pour m'aiguillonner. Son nom arrivait dans nos conversations comme un cheveu sur la soupe. Un cheveu à l'odeur de brûlé. Comme lors de ce dîner qui me faisait entendre, pour la première fois, le titre du manuscrit de Virginia : *Melymbrosia*. Elle l'avait donné à lire à Clive, pas à moi. Et il trouvait ce texte admirable, le talent de ma sœur incomparable.

J'encaissais cette double charge avec condescendance ; je dénigrais ce titre alambiqué, je persiflais : *Son roman ? Celui qu'elle écrit depuis bientôt dix ans ou celui que l'on ne lira jamais ?* Mon ton était d'autant plus dédaigneux qu'Adrian m'avait confié l'avoir accompagnée à la maison d'édition Duckworth. Virginia était donc prête à se rabaisser auprès *des autres* pour être publiée.

Adrian me faisait régulièrement le rapport des infortunes de notre sœur. Sous des dehors compatissants, intérieurement, une part de moi se délectait. Notamment de ses infructueuses tentatives de drague, sa méthode consistant à ne parler que de cul – ce qu'elle appelait, avec des regards appuyés, *copuler* – et de WC. Un tempérament qui faisait fuir tous les prétendants. Car si Virginia se présentait comme une femme libre, sa peur de terminer ses jours seule la changeait, au voisinage de n'importe quel célibataire, en une pucelle névrotique.

Le Salut se présenta en Lazare ressuscité. Après sept années, Leonard Woolf revint en permission de Ceylan avec un ouistiti et un brûlot anticolonial qu'il cherchait à faire publier. Sur les conseils de l'ami commun Lytton Strachey, il se rendait tous les jours à Fitzroy Square pour s'épancher sur ses angoisses éditoriales. Il allait faire sa cour. Car il y avait là, selon Lytton, un projet, un échange de bons procédés. Un marché à conclure entre cette vieille fille de trente ans, rentière, et ce pauvre diable qui cherchait à échapper à son enfer tropical. Leur unique chance à tous les deux.

Adrian se tapait les cuisses en me décrivant l'empressement de notre sœur à séduire Leonard : *C'est si drôle à voir ! Hier, Leonard est venu la chercher pour une balade. La chèvre s'est précipitée pour se changer et, malgré la pluie torrentielle, elle a mis son plus beau manteau turc et des escarpins de satin !*

Je m'inquiétais.

Aussi, quand Virginia s'ouvrit à moi un soir sur ses espoirs – *Peut-être aurais-je bientôt une affreuse petite chose pendue à mon sein aussi !* –, j'éclatais d'un mauvais rire. Je m'appliquais à la saboter, à la diminuer, à la salir avec son fiancé d'opérette. Ce petit juif prêt à bouffer à tous les râteliers, qui briguait le lot de consolation, celle qui restait. Un moins-que-rien sans le sou ; un pion de l'empire, un héros du pire qui avait pendu des hommes là-bas :

Ne vois-tu pas que tu es son plan pour ne pas y retourner ?

Trois jours plus tard, Adrian m'apprenait qu'elle avait refusé la demande de Leonard.

Ma méchanceté dégoûtait Clive. Je me justifiais comme je le pouvais, je ne voulais pas abandonner ma sœur à un homme pareil.

Tu ne veux la laisser à personne !

Clive me regardait avec un air méprisant, un air de devoir. De savoir qui j'étais.

Et il savait, il disait vrai. Je ne voulais pas laisser Virginia être heureuse. Être désirée, accéder à la sexualité. Au pouvoir.

Je voulais que ma victoire sur elle soit totale. Ma sœur adorée. Je ne l'aimais plus car, en elle, je m'étais trop reconnue. Je lui opposais la défense absolue de mon regard, moi qui étais assez téméraire pour ne pas voir la force de mon orgueil, de sa possession maligne.

Désormais, je n'ai plus d'yeux. Mon regard s'est éteint avec le sien. Ce regard froid de fleuve, vitreux ; ce rempart qui reflète mes lèvres ouvertes sur une foi ancienne. Le pardon.

C'est étonnant comme, par moments, tu peux ressembler à ta sœur…

Ces mots de Clive glissaient sur moi. Je les laissais m'effleurer, me caresser. Ils tournaient autour de moi tels ces insectes avec des ailes que je chassais de mon cou, en hâte, sans même vouloir les apercevoir.

Je me voulais aveugle à leur alarme. Je me voulais aveugle à cette épingle à cheveux retrouvée dans ce veston fouillé en secret ; à sa minuscule tête de nacre bleue que je reconnaissais. Aveugle à ma chute de femme-Icare, happée par le gouffre brillant de ma vanité. De nos vies agitées de paillettes lancées en l'air pour faire écran. Un tourbillon étincelant.

Son épicentre s'était déplacé à Fitzroy Square ; une nouvelle adresse qui réussissait finalement à Virginia. Elle y menait un quotidien des plus flamboyants. Ce n'était que marches de suffragettes, débats, concerts, soirées déguisées. Des canulars avec le reste de la bande pour dénoncer la course à l'armement entre le Royaume-Uni et l'Allemagne. Une fois, elle alla même jusqu'à se grimer en prince abyssin pour berner le Foreign Office et visiter un vaisseau amiral. Un énorme scandale. Adrian l'accompagnait toujours dans ses frasques et, quand il était épuisé de l'escorter, c'était Clive qui suivait Virginia dans les bals.

Moi, je me réfugiais dans le travail, dans ma liaison avec Roger. Dans mon amitié avec Duncan.

Notre relation s'était muée en profonde affection, en une confiance à l'exigence fondée sur l'art. Il ne doutait jamais de mes partis pris plastiques, ceux que Clive n'était plus si prompt à comprendre ou à défendre. Duncan, lui, m'encourageait toujours ; il me traitait comme son égale, comme une femme. Il devint mon confident, mon frère d'adoption, idéal. Dans son regard clair, il voyait ma valeur, ma solidité. Des yeux de pluie qui me rappelaient ceux de Thoby. Qui me rappelaient que l'amour entre un homme et une femme n'était peut-être possible qu'entre un frère et sa sœur.

La surface des choses, l'équilibre fragile de cette existence était toujours protégé. Mais leurs apparences devaient bientôt être traversées. Pulvérisées par une liasse de papiers, oubliée en évidence dans ma chambre à coucher.

Sur le lit conjugal, je défaisais le ruban qui les liait ; j'étalais sur le matelas les feuillets vert pâle, rose froissé. Des missives ivoire où déchiffrer la belle écriture, régulière et inimitable, de Virginia. Cette même prose de l'enfance à la verve méticuleuse, noire et hilare.

Ma sœur écrivait des mots échevelés, des mots doux et usés ; des mots neufs et venimeux. Des mots incestueux.

Ils formaient des phrases envoyées à un seul être qui, en réalité, était double dans ce mariage à trois. Monstrueux : *"Embrasse-la le plus passionnément possible sur tous mes endroits privés – cou et bras et paupières – et dis-lui – qu'y a-t-il de nouveau à lui dire ? – combien son mari m'est cher."*

Chaque lettre signait un assaut immobile, une sobre jouissance de me toucher à travers Clive. De me détruire. De me dire que l'on y était arrivé. À ce moment de la bataille où tout ralentit. Où la flèche inattendue trouve le point de faille dans la cuirasse. La faiblesse qui transperce de part en part.

La plaie au poumon brûlait à chaque inspiration, je la regardais avec curiosité. Elle brillait de sa propre lumière. Un abysse où s'engloutissait toute ma stratégie ; tous ces choix successifs, mauvais, opérés alors que je me croyais à l'abri, en position de supériorité. Ces moments où je pensais acculer mon ennemie, alors qu'elle m'enserrait patiemment dans sa toile.

Je devais m'incliner devant le vainqueur. Devant l'auteur de *Melymbrosia*.

C'était ça le pire.

Lire des passages du manuscrit mélangés à leur correspondance, en être saisie par sa beauté tout en me reconnaissant dans le personnage d'Helen Ambrose. Belle et grande dame de pierre, ennuyeuse, qui n'a que ses deux enfants à la bouche. La tante de Rachel, l'héroïne. Une jeune fille qui parcourt le monde sur un bateau, voyage déjà entre terre et eau, aime jouer du piano. Embrasser les hommes mariés.

Les écrivains sont des cannibales, des vampires de conte qui se nourrissent à la cible de leurs obsessions. Ils en absorbent tout le réceptacle, les dépouillent d'eux-mêmes. Le roman de Virginia, son talent, ils m'appartenaient ; ils venaient de nous, de moi. J'étais la matière de son œuvre captée au creux du poison émeraude de son œil. Une sorcière dont l'art est de ceux qui tuent le silence, qui témoignent en inventant la vérité ; la forme la plus cruelle de rédemption. Car, malgré le ravage provoqué par ce que je découvrais, je ne pouvais m'empêcher de penser que le monde entier, un jour, m'envierait en apprenant quel génie ma sœur était.

Il fallait la couler, la liquider.

De défiante, je me fis soudain une entremetteuse pressante – enthousiaste même – auprès de Virginia : *Tu dois épouser Leonard !*

J'avais compris que le mariage était le meilleur châtiment et, finalement, le plan de Leonard Woolf était devenu le mien.

Je menais ma sœur à l'abattoir. Un sacrifice à cet homme sans envergure, à la face longue d'ahuri et tremblant éternellement des mains, qui s'accomplirait à travers le travail de Virginia ; celui d'une femme qui espérait tout le reste ; l'amour, les enfants, l'intimité, l'aventure.

Une scène de boucherie en robe fleurie, voilette et chapeau de paille que l'Ouse ressasse. Une mer entre nous, une crevasse dans le limon du temps que je traverse. Que je ne fais que traverser nuit et jour, harcelée de néant, dynamitée de combats. D'Apocalypse.

À toute heure, je descends sur sa rive. Je marche à elle, je titube à elle. Je m'assois et je la bois. Je murmure *Melymbrosia*. La fable de Rachel-Virginia, femme-lisière suspendue sous le ciel. Le visage flottant, tourné vers le sol, elle poursuit sa croisière et remonte dans ses vents, retourne à la source.

À présent, je voudrais moi aussi fermer la boucle, cultiver entre mes dents les coquelicots et les narcisses, mais les méandres de cette histoire m'en empêchent encore.

Car j'étais celle qui avait tort. Le désir ayant embrasé mon âme, j'avais pensé que le monde finirait dans les flammes. Mais je crois maintenant avoir assez connu l'amour et la haine pour savoir que dans ces domaines, l'eau est plus efficace.

"... I live; I die; the sea comes over me; it's the blue that lasts."

Twickenham
10 août 1913

Mon dauphin,

Pour notre premier anniversaire de mariage, Leonard m'a dit ce matin que nous n'aurons pas d'enfant.

Je t'écris cette lettre car si l'idée de mourir me reprenait ce soir, tu saurais que mes dernières pensées étaient pour toi. Cela t'importe peu mais pense à ce potin que tu aurais raté, cher animal parfait – eh oui, nous touchons ici au point le plus sensible. Je présume que Leonard t'a déjà envoyé un compte rendu détaillé dans son meilleur style et que tu partages, toi aussi, l'avis des médecins ; de tous ces hommes qui savent ce qui est mieux pour moi.

Mon principal sujet d'actualité à Burley House est que Miss Bradbury, l'infirmière, a tenté de me noyer sous un litre de lait. Tu ne peux pas imaginer à quel point ma chambre est laide ; un mélange de blanc, de vert tacheté et de rouge. Miss Thomas pourrait tout de même faire un effort pour les habituées. Elle m'enferme dans un monde vulgaire au goût sucré de melon. J'ai la sensation d'être vivante comme le fumet d'une truite aux amandes.

Je ne mange toujours pas assez mais j'ai juré lors de la dernière pesée que j'allais arrêter de disparaître. Je ne pense pas avoir convaincu Miss Thomas mais, depuis quelques jours, elle me laisse en paix avec ses tourtes à la viande. Ses autres pensionnaires la mettent dans tous ses états, surtout la folle à l'étage qui crie sans cesse qu'elle veut porter son affaire en justice ; je ne sais absolument pas de quoi il retourne, il est impossible de la faire parler calmement. Miss Thomas est charmante, sensuelle même si l'on parvient à la voir assez longtemps en tête-à-tête, et Miss Bradbury est une honnête femme, mais tu n'as pas idée à quel point je suis en manque de conversations intelligentes – même la tienne.

La religion, il me semble, les a toutes ruinées. Miss Thomas conclut chacune de ses phrases par une prière silencieuse. Miss Somerville, ma voisine de chambre qui porte deux crucifix, arrache toutes les fleurs du jardin dans ses périodes d'excitation pour les offrir au Bon Dieu. Et Miss Bradbury affirme que les cloches des églises carillonnent les sons les plus doux sur terre.

Je me nourris du son de ce petit réveil sur ma table de chevet. Il proclame avec emphase le départ et l'arrivée des secondes, sans démenti, dans la cathédrale de ma chambre. Du reste, pour connaître l'heure il m'est parfaitement inutile ; je peux la lire avec exactitude sur moi, juste avec l'ombre portée de mon mari-cadran-solaire. Ces heures fixes où il passe changer le disque sur mon phonographe et me couper des tranches d'ananas. Faire l'inventaire de mes symptômes tel un juge. Quel meilleur garde-malade qu'un gestionnaire impérial ; aussi détendu qu'une statue quand il m'embrasse. Moi qui voulais qu'un homme me rende fiévreuse, je m'estime tout à fait comblée par le sort.

T'étais-tu sentie horriblement déprimée pendant ta lune de miel ? Je parie que non ma belle-sœur qui déambule à travers le monde en faisant fleurir chaque épine, qui collectionne les orgasmes (c'était avec qui en premier ? Clive ou Roger ?). Quelle place me reste-t-il ? Celle à côté d'un homme qui, dans la chaleur des nuits ibériques, entre dans le lit nuptial avec une bouillotte. En avalant tous ces somnifères, je n'ai fait que respecter son envie de toujours dormir. Je me crois moins coupable que Leonard qui m'avait offert un berceau en cadeau de noces, sans aucune intention de le remplir. Ou que toi, ma déesse à laquelle je sacrifiais ma dépouille de chèvre sur l'autel de la mairie ; toi qui présides à des destinées que tu es incapable de comprendre. Avais-tu remarqué que je te regardais pendant la cérémonie ? Si tu avais pu lire dans mon cœur, tu aurais trouvé une tendresse poignante, une joie pour les choses et les présents de la fête, pour la richesse de l'avenir, les rires, un enthousiasme. J'ai repensé que j'avais été heureuse durant cette journée. Peut-être était-ce le bonheur – ce triste espoir. Celui d'un homme qui n'aime pas les femmes, marié à une femme qui les aime trop.

On me recommande d'écrire pour ma santé, pour l'hygiène. Écrit-on pour autre chose ? À Madrid, je ne pouvais pas écrire et tous les démons sont sortis – noirs et velus.

Je me promène dans le jardin, je fais du tricot. Je tâte mon cerveau comme une poire pour voir si elle est mûre ; dès qu'elle sera exquise, je te dédierai un roman.

Quelques singes sautillent encore de-ci de-là, d'ailleurs ils t'embrassent. Leonard veut me faire sortir pour finir de les attraper et m'éviter d'être internée pour de bon. Tout ce petit monde mis en cage. Leonard a trouvé quelque chose à louer en banlieue ; quelque part de plus calme où je pourrai – pense-t-il – totalement me remettre, peut-être même me transformer. J'espère bientôt t'y voir avec les enfants, alors je vais être (très) raisonnable. Soupçonne-moi du meilleur.

Cette vie ne sera pas facile mais je la ferai entièrement mienne ; je serai fertile grâce à l'art. À pas de loup, j'irai renifler chez les autres pour sentir remuer mon âme dans mes flancs. Un œil de prédateur pour stimuler ma vieille chaudière en chassant celles qui vivent encore d'illusions.

Si Virginia Stephen t'effrayait, tu devrais avoir peur de Virginia Woolf.

Quand Mona Lisa fut volée au Louvre, on vit des foules se masser devant la trace pâle laissée sur le mur par son cadre manquant. Pour l'occasion, certains des badauds mettaient pour la première fois les pieds au musée. Mona Lisa disparue était devenue l'attraction du moment. Absente, elle n'avait jamais été aussi présente, désirable. Partout, on reproduisait son sourire perdu ; sur les boîtes de chocolats, dans les journaux, sur des cartes postales ou des affiches placardées *urbi et orbi* comme autant d'avis de recherche. Pendant deux ans, elle manqua aux gens. Combien de temps Virginia manqua-t-elle à Vanessa ? Des années, sûrement. Toute une vie.

J'aime observer un spectateur en train d'observer un portrait ; une mise en abyme dans laquelle il m'est assez fréquent de voir les gens scruter leur sujet avec avidité. Plus que n'importe quel autre type de peinture, un portrait happe et piège le regard. Il fascine par l'effet d'intimité qu'il crée. En fixant avec intensité la personne représentée, peut-être espère-t-on découvrir des secrets, quelque chose d'inouï sur elle, sur nous. Un autre soi-même. Une envie profondément commune et humaine de s'identifier qui peut sembler plus mystérieuse, voire absurde, quand les traits du visage évoqué sont effacés.

Jusqu'à la révélation, jusqu'à sa trahison, Vanessa Bell peignait Virginia belle, bien au-dessus du réel. Son modèle préféré. Dans un portrait resté célèbre de l'écrivaine, sa sœur l'a représentée assise, légèrement penchée en avant avec les mains rassemblées, appuyées sur une table. Ses contours sont soulignés, caressés de noir, et ses lèvres, sensuelles, sont entrouvertes. Une femme de mots, une femme de l'être sur un fond doré. Déjà une icône.

Mais les portraits qui suivent engloutissent peu à peu son visage. Chaque ligne se fait ébauche de plus en plus floue ; on dirait que les yeux, la bouche, le nez se recroquevillent dans le feu. Tout se recourbe comme de la cire à cacheter, frottée jusqu'au choix radical de la disparition ; une face réduite à un ovale vide. Je crois que ça se peint comme ça une rupture, l'amour trompé. Dans un regard qui se rompt. Dans l'antre de nos souvenirs où l'amour ne laisse pas d'image. Ses traits s'en effacent plus rapidement que tout autre sentiment pour laisser nos poumons hantés à nouveau respirer, les soulager d'un chagrin trop grand.

Il y a tant à lire dans le silence des figures peintes, surtout dans celles désertiques de Virginia Woolf que signe alors Vanessa Bell comme le bourdon d'une cloche de détresse. Un désert n'a pas de lèvres, pas de paroles, il est libre d'interprétation. Ainsi, comme les saints anachorètes, il faut croire aux choses muettes ; seulement en elles, peut-être. Les discours pour justifier telle intention dans la narration, telle forme dans la recherche picturale nous perdent. Rien n'existe que le signe caché, car les histoires ne sont jamais que des décomptes de fautes. Des manières de les arranger pour pouvoir les transporter, les rendre supportables. Tout le jeu est de débusquer dans leurs ellipses la présence, dans l'absence le dévoilement de la vraie lumière. Celle qui éclaire le visage de Virginia comme une page blanche où mener cette enquête. Celle de la douleur, de la déchirure entre deux êtres. Deux sœurs défigurées l'une et l'autre ; amputées l'une de l'autre dans la Grande Guerre qui accélère la dérive de leurs continents.

Au début, ça allait. Ça ne concernait que les volontaires. Le bruit des bombes résonnait loin de l'autre côté de la mer ; il était encore possible pour Vanessa de l'ignorer, de se boucher les oreilles.

Officiellement, Clive et elle continuaient à cohabiter au 46 Gordon Square, mais les nuits se passaient chacun de leur côté. Dans les bras de Mary Hutchinson pour lui, une autre écrivaine. Toujours dans ceux de Roger Fry pour elle.

Avec Roger, Vanessa oscillait entre l'ennui et la manie pulsionnelle. Dans la création, c'était pareil. Elle hésitait entre la non-peinture et la mauvaise. La vie n'était plus qu'un changement de position continuel, un agaçant gigotement ; cet inconfort des lits dans lesquels on ne peut demeurer longtemps couchée sur le même côté. Désormais, Vanessa se sentait peintre ratée qui, par désœuvrement plus que par curiosité, avait pris un amant régulier. Ces deux modes d'expression, l'art et la sexualité, avaient perdu en elle leur puissance, leur originalité. Sa bouche comme son sexe ne communiquaient plus avec rien d'intérieur. Ils étaient deux orifices sans profondeur ni résonance. Deux fentes qui attendaient que Roger Fry les remplisse dans un acte mécanique, extérieur.

Pygmalion croyait animer Galatée. Grisé par Aphrodite, Roger Fry adorait Vanessa ; il ne voyait qu'elle, faisait tout pour elle. Il lui était entièrement dévoué. C'était ce que Vanessa se répétait lorsqu'elle était envahie par le doute. Elle s'adonnait à cette fausse lucidité ; celle à laquelle on s'attache quand on espère transformer par le raisonnement ce que le sentiment a égaré. Il y a dans l'amour une grande capacité de persuasion, dans ces étreintes consommées. Dans la pénombre glacée de cette chambre où Vanessa se livrait à son bienfaiteur.

N'avait-il pas fondé les Omega Workshops pour elle ? Des ateliers où explorer la pureté de la forme géométrique sur tous les supports possibles, des tissus, des vêtements, des paravents. Des coffrets et des céramiques à peindre en série pour une clientèle fortunée. De l'abstraction adaptée au goût du grand public. Une expérience qui avait d'abord enthousiasmé Vanessa. Elle y voyait un moyen de subsistance pour tous les artistes postimpressionnistes ; une forme de reconnaissance après le fiasco de la Grafton Gallery. Un pied de nez aux critiques. Quitte à se faire traiter de décorateurs de plateaux à desserts, autant y aller carrément ! Mais quand il s'était agi de décorer le salon de Mary Hutchinson, le courage et la confiance l'avaient abandonnée.

Il est possible de prévoir qu'en soulevant l'assiette de gâteaux, la découverte d'une blatte nous dégoûtera. Il est difficile en revanche de savoir la force de la répugnance que provoquera en nous la vue de la bestiole. Vanessa avait mille fois imaginé la restitution du chantier, mais elle n'avait pas anticipé l'intense amertume qu'elle éprouverait ; celle qui l'infesterait en voyant Mary passer cette porte ornée de bouquets roses, la main dans la main de Clive. Ce travail lui parut soudain plus qu'une compromission, une profanation de l'esprit. Une perte de temps. Un faux-semblant comme l'enthousiasme de Mary qui lui donne l'accolade. Qui lui commande maintenant de peindre sa face hideuse de cancrelat.

En arrière de Roger, Vanessa était étendue sur le lit. Elle le regardait à présent en raccourci. Nu, ses habits déposés à côté de lui en un petit tas d'étoffes fripées. Si minuscule qu'il lui paraissait impossible que ce corps long en eût été paré, efflanqué comme il l'était par l'âge qui avançait, par le manque de succès. Et elle éprouvait une gêne nouvelle, ineffable ; elle s'insinuait dans l'opinion qu'elle avait de Roger. Une sorte de pitié pour cet homme qu'elle admirait mais que le destin avait oublié de favoriser. Une sorte de mépris envers lui. Envers elle-même aussi.

Sa consolation résidait dans sa collaboration avec Duncan. Roger l'employait également, surtout quand Vanessa lui rappelait à quel point son ami avait besoin d'argent.

À peindre à quatre mains, leur lien était devenu familier, organique. De plus en plus complémentaire dans un rythme miraculeux qui, parfois, croisait leurs doigts sur une pièce de mobilier, sur un panneau de tissu. Qui aurait cru qu'ils fabriqueraient un jour des robes ? Duncan disait cela en plaisantant, un peu tristement avant de saisir la paume de Vanessa.

À la façon d'une diseuse de bonne aventure, il en lisait pour rire les lignes creusées, les callosités. Une cartographie dont la légende joignait leurs phalanges identiques et entrelacées ; leurs destinées noueuses aux ongles ras, incrustés de couleurs.

À une distance de souffle saccadé, Vanessa demandait ce qu'il voyait. Ça pourrait être leur manière…

Elle essayait alors avec le nez ; elle touchait le sien avec une tendresse de chien, les lèvres en alerte. Lui fermait les yeux avant de se reculer, la laissant la bouche bourdonnante de baisers.

La laissant songer qu'il était la seule parenté qui lui restait ; qu'elle n'avait connu une telle intimité ni avec Clive, ni avec Roger. Seulement avec sa sœur.

Virginia passait ses journées assise dans un grand fauteuil à oreilles, dans la maison de Paradise Road. Dans ce faubourg londonien de Richmond que Leonard avait trouvé pour la soigner mais qu'elle détestait. Trop calme !

Beaucoup trop calme pour attendre le Jugement après la publication de son roman.

Je ne sais pas ce qui est pire, la peur d'être lue ou surtout de ne pas l'être ?

Peu importe, les deux tourments donnent envie de disparaître ; de s'enliser dans ce fauteuil qui meuble presque tous les portraits effacés que Vanessa a faits de sa sœur.

Ici, le choix d'affubler Virginia d'une face brouillée m'apparaît particulièrement juste. Ingénieux même. Étrangement, il exprime parfaitement la raideur que devaient afficher ses traits. Son inquiétude. Son énigme de Joconde toujours là sans jamais l'être, jamais vraiment présente au réel.

Le corps entier est embarrassé du visage ; le supprimer, c'est aller vers le sensible du corps. C'est faire arriver à la surface, du plus profond de l'abdomen, cette terreur. Cette nausée d'une âme assoiffée qui est plusieurs, multiple.

Une écrivaine qui crochète pour penser à autre chose, pour s'occuper l'esprit. On imagine ses idées divaguer, ailleurs, tissant le fil d'Ariane de quelque roman en elle. Une énergie. Un esprit avec des bras dont l'air vaporeux représente l'île qui brille dans sa tête, son Ithaque intérieure. Un territoire surgi de l'étendue des eaux et qui attend, dont il faudrait des années pour explorer l'inconnue blancheur, l'insondable matière. Une proximité avec l'argile, avec la terre. Aride, presque un néant, mais qui reconduit à la force d'une vie arrimée au-dedans. Un paysage de marbre poli et froid déjà mort quelques fois, dont on sent le poids s'enfoncer, s'avachir dans les coussins, dans l'obscurité du soi. Des yeux comme des fosses, les abysses d'une rivière glacée ; une étendue silencieuse bordée de landes aux cheveux noirs que Vanessa interroge, suspicieuse.

Opiniâtre, elle en griffe les joues, se retient aux aspérités de plus en plus infimes qui se lisent sur cette paroi perpendiculaire et sournoise.

Qu'est-ce que tu tricotes ? Qu'est-ce que tu mijotes ?

La chute de Troie. Ta chute, Vanessa.

Le crochet glisse dans l'interstice de la maille avec la force de coups de poignard qui résonnent dans sa chair. La couleur sang de la bobine ravive la blessure incurable.

Le vide remplit le centre, il ne tient plus. Il s'effondre finalement en janvier 1916.

La guerre est là.

Elle n'arrive pas dans le bruit des bombes, mais dans un autre fracas. Celui d'un défilé de camions de déménagement.

Le premier emporte les affaires de Clive chez Mary Hutchinson. Pas les enfants évidemment. Les garçons restent avec leur mère, mais la déclaration d'une charge de famille permet à Clive d'échapper à la conscription générale. Rapidement, les autres hommes du Bloomsbury se mettent aussi à l'abri de l'appel. Certains trop vieux ou trop infirmes n'ont pas à se démener. Par l'entremise d'un ami haut placé, d'autres obtiennent facilement un sauf-conduit.

Mais Duncan, qu'adviendra-t-il de lui ? Avec David Garnett, le dernier garçon dont il s'est entiché, il charge ses maigres effets à l'arrière d'un fourgon rouillé. C'est décidé, il part se faire objecteur de conscience, cultiver la terre quelque part dans un bled du Suffolk.

Vanessa est désespérée, il n'a pas le budget pour se loger ailleurs que dans un poulailler ! Le tribunal va refuser de l'exempter. Elle a beau lui crier que c'est de la folie, qu'il ne saura jamais faire pousser le moindre radis ; que les juges vont l'envoyer se battre, Duncan ne veut rien entendre. Ça vaudra toujours mieux que de se vendre avec elle et Roger !

Son mépris la frappe en plein ventre.

Un dernier camion avance sur les cahots de la route. Il n'emporte rien celui-là, il livre au 34 Paradise Road.

Le mois précédent, Gerald Duckworth avait envoyé une lettre. Il y écrivait que les ventes de Virginia étaient bonnes, comme en témoignait le chèque qu'il joignait à son enveloppe.

C'était suffisant pour que Virginia se lève de son fauteuil, pour la sortir de sa routine mortifère et remettre le temps sur ses gonds. Pour investir dans l'avenir même si, pour le moment, elle ne pouvait pas se payer mieux qu'une occasion.

Avec Leonard, Virginia était décidée à ne plus écouter toutes ces infirmières qui l'enjoignaient au repos éternel ; cette langueur qui s'amoncelait sur elle comme de la neige. L'épaisseur de l'ennui y ensevelissait peu à peu son énergie ; un courant souterrain qui devait retrouver la sortie au milieu de leur salle à manger.

Le boucan du camion de livraison fait sursauter Virginia. Il ne se passe tellement rien dans ce foutu coin qu'un moucheron suffit à l'effrayer. Quand elle entend le crissement des freins, elle comprend tout de suite ce que c'est. Surexcitée, Virginia est déjà en haut des escaliers quand Leonard lui crie d'en bas d'attendre, de ne surtout pas descendre. Il veut la déballer pour lui faire la surprise !

Au bout d'une éternité, Leonard vient enfin la chercher. Virginia grommelle qu'il en a mis du temps ; qu'il a sûrement dû faire exprès !

Comme un gamin facétieux, Leonard lui met les mains devant les yeux pour mieux lui découvrir leur machine à imprimer. L'embryon de leur future maison d'édition.

Vanessa est acculée, elle se sent encerclée.

Il lui faut tout changer, il lui faut décider qui elle est.

La femme ou la sœur ? L'amie ou la mère ? L'amante ou la traîtresse ?

Un amas de têtes.

Toutes ces facettes s'épaulent dans un fulgurant autoportrait. La peinture en est à peine esquissée, la toile affleurant à travers ; l'arrière-plan est réduit à des bandes de couleurs.

C'est son premier. Elle qui a tant représenté les autres décide soudain de montrer son visage.

Vanessa devient son propre sujet dans une robe au motif quadrillé ; une cotte de mailles que Duncan avait dessinée, jetée sur ses épaules larges. Son attitude est combative, son regard droit et opaque. On ne la reconnaît pas. Rien à voir avec la femme attirante, séduisante qui apparaît sur les photographies de la même époque. Elle ne cherche pas à se mettre en valeur, à plaire. Vanessa part au combat.

La posture de trois-quarts combine son profil et sa face. Ses cheveux en écailles contrastées semblent former un casque, et son regard vient d'une royauté barbare. Celui d'une divinité courroucée qui voit le monde en flammes. Une colosse assyrienne cuirassée ; une mise en forme d'elle-même comme un nouveau récit.

Dans celui-ci, Vanessa court dire à Roger que c'est fini. Leur histoire, les Omega. Puis, elle rattrape

Duncan sur le seuil de son atelier ; elle barre sa route pour l'empêcher de s'en aller.

Elle veut tout quitter, elle veut l'emmener dans le Sussex ; à Charleston, elle pourra le protéger de la guerre. Duncan tente de la repousser, mais la force de Vanessa le plaque contre le mur et l'enserre. Elle va acheter une petite Talland House pour tous les mettre à l'abri ; Quentin, Julian, lui. Son gigolo s'il le faut !

La tête enfouie dans son aisselle, Vanessa fond en sanglots. Duncan la berce un moment avant de l'écarter, doucement. Il a ainsi assez d'espace pour embrasser ses yeux, ses joues, son cou. Pour pouvoir en goûter le sel.

Aucune langue n'est aussi claire pour mettre au jour ces choses écrites en vous ; ces choses que vous ignorez, qui peuvent vous racheter. Une langue qui remonte chacune des fissures de Vanessa et les répare. Les vergetures de ses seins tombants, de son ventre ; la perle baroque de son nombril déformé, les larmes de son sexe incisé.

Tout à coup, Duncan devient timide, gêné. Il ne sait pas prendre une femme.

Alors, c'est Vanessa qui le prend, qui découvre le plaisir d'être celle penchée au-dessus. Qui sent frémir le creux de sa nuque quand sa main se fait dure et tient son corps. Quand elle se fait poing qui entre et sort.

Vanessa regarde Duncan exploser en un orgasme, et moi je regarde Vanessa.

L'autoportrait d'une insensée qui ne dépose jamais les armes, qui n'accepte pas la défaite, sa reddition totale.

Ça y est, je la reconnais ! Je me disais bien que ses traits étaient différents, étranges. Comme possédés. C'est là que le visage de sa sœur était caché.

Virginia habite le cadre de Vanessa.

Elle lui a donné son nez en forme de flèche, son œil de chouette.

Vita et Virginia, voilà le double V dont les gens se souviennent.

Le couple glamour et sulfureux que beaucoup d'auteurs retiennent, qui se surimpose au souvenir de Vanessa et Virginia. Et l'occulte.

En tout cas, c'est comme ça que je le vois.

Sûrement un tour joué par ma possessivité, par cette jalousie qui ne comprend pas ce que d'autres femmes peuvent apporter à ma sœur.

C'est moi qui dois veiller sur elle, ou plutôt elle qui doit veiller sur moi.

Un sentiment exclusif, maladif, d'abandon et d'ennui ; encore plus puissant depuis que nous vivons en des blessures parallèles, dans des espaces géographiques disjoints. Depuis qu'elle est loin à faire mal. Depuis que je ne sais plus la peau qui fait vibrer ses ailes, ramper ses doigts.

Dans la maison, sa voix me revient parfois dans le murmure d'un insecte ; j'essaie de l'emprisonner mais son vol m'échappe. J'avais oublié qu'il était trop tard pour dire toit.

Toujours, je porterai le deuil de son monde par lequel je suis venue.

Peut-être que Vanessa mérite sa relégation en deuxième division : *"Amoureuse d'un égoïste, elle fout toute sa vie en l'air"*, on connaît la chanson.

En fuyant Londres, elle cède sciemment sa place. Elle déguerpit, quoi que l'on en dise, pour un homme. Certes leur union sera originale et libre, mais l'enfant qui en naîtra sera élevé dans le mensonge des conventions.

C'est là que se situe le nœud de l'affaire ; l'explication de la *damnatio memoriae* de Vanessa, je crois.

Elle était une mère.

J'ai compris cela en lisant *Orlando*, le roman que Virginia dédie à Vita.

Ce héros qui devient héroïne après une déception sentimentale, qui fuit en Orient pour y sombrer dans un mystérieux sommeil. Une semaine de black-out à Constantinople pour sortir transformée, pour tout changer.

Ce point de rupture que l'on sait ; la même bascule qui pousse Vanessa à se marier. À rompre avec la vie qu'elle connaissait. Son identité de sœur pour devenir femme.

Pourtant, cette quête n'apparaît en rien libertaire à Virginia ; à propos de cette œuvre, elle ne fera jamais directement référence à Vanessa.

C'est Vita la troublante ambiguïté, la fluidité, celle qui expérimente plusieurs sexualités, plusieurs vies possibles. Virginia ne pense pas à sa sœur comme ça, elle qui revendique néanmoins cette puissance ; créer la différence, l'autre sexe.

Quand, au cours de l'histoire, Orlando accouche d'un garçon, Virginia le mentionne rapidement, presque accidentellement. Juste en passant. Une anecdote méprisable.

Un désintérêt pour ce pouvoir qui la fait remballer Vanessa quand elle se vante des réussites scolaires de ses fils. Qui lui fait agiter sous le nez de sa sœur les deux mille livres rapportées par le succès d'*Orlando.*

Les billets de banque en éventail pour narguer celle qui a du mal à payer ses modèles ; pour lui signifier qu'elle pourrait venir dans le Sussex, y acheter une maison. La retrouver si elle le voulait.

Mais Virginia ne le fait pas.

Cette attitude participe toujours du même déni. Celui consistant à refuser d'envisager l'expérience partagée par d'innombrables comme singulière. Remarquable.

L'accouchement n'est pas intéressant.

Pire, il ostracise, vous expulse du royaume intellectuel pour vous enfermer dans les profondeurs du maternel.

Afin d'éviter la quarantaine, mieux vaut séparer ces deux domaines. Les tailler à la hache même, à la façon d'une Vita qui abandonne ses gosses. Une libération de l'aliénation plus spectaculaire ; une rébellion qui lui a permis de devenir légendaire, au contraire de Vanessa.

Mais attention, leurs lignes d'apparences opposées forment une unique portée. Elles se superposent en des traits continus, jouent une partition commune. Celle de femmes qui tentent d'avoir la vie exactement comme elles la voudraient.

Et, malheureusement, ça ne peut pas marcher pour toutes.

Chaque femme qui a enfanté connaît ces émotions contradictoires, complexes. Ce sentiment de trahison, de profonde dépression qui fait parfois regretter ce que l'on avait cru désirer.

Un mal-être qui me pousse à mettre en garde ma sœur, tentée par la maternité : *Ne fais pas ça !* Pour la protéger, pour l'empêcher de commettre cette connerie irréversible.

Ou peut-être qu'au prétexte de vouloir l'épargner, je veux l'empêcher de trouver ce chemin qui m'a finalement sauvée ? Une fois métamorphosée, Orlando ne se voue-t-elle pas pleinement à l'écriture ?

Le roman est comme l'enfant. Un être surgi du néant, du vide. De ce liquide dans lequel je sombrais après la naissance de mon fils. D'où d'autres femmes m'ont tirée. Il a fallu cela pour que je comprenne la sororité.

Pour que je comprenne que c'est maintenant ou jamais.

Une amitié au-delà de l'accident des liens du sang.

Une parenté qui consiste à s'enfanter les unes les autres.

Accroupies face à face, paume contre paume.

Les yeux de la sage-femme, de la fille forcée, de la mère spoliée, de la compagne stérile, plantés dans les miens.

Ils me font jurer de pousser, de remonter à la surface. De tenir parole.

Je me prends souvent à penser que je ne respecte pas ce serment, car je ne me souviens pas toujours bien de quelle promesse il s'agit.

Mais je sais qu'elle est là, quelque part.
Dehors.
Cette dette que j'ai envers vous toutes.

Elle a essuyé un hublot dans la buée de la vitre. Depuis la fenêtre de la cuisine, le jardin nu de givre a des airs de salle d'attente. Un enclos figé où les arbres inutiles se regardent dans la glace de la mare. Têtu, l'un d'eux s'agrippe à ses dernières branches rouges. Il lutte seul contre le froid ; contre le soleil de ce matin d'hiver qui peint sur lui une lumière pensive, si basse qu'elle est presque sans effets. Sans ombres. Des couleurs qui s'éteignent en vert-de-gris. En violets fumés.

Enveloppée dans l'odeur chaude du café, Vanessa retarde un peu le moment de sortir. Pourtant, elle sait qu'il ne faut pas trop traîner pour arracher quelques fragments de tranquillité avant que les garçons ne se réveillent. Pour arracher quelques éclats de beauté à la dentelle des feuilles gelées.

Dans les allées endormies, il n'y a que le bruit de papier froissé quand ses pieds écrasent le gravier ; l'herbe déchirée en de sombres empreintes là où ses semelles ont commis le sacrilège de peser. Les buis sont saupoudrés de brillants. Une statue au geste chaste émerge de leurs vagues. Une fée qui semble tirer le fil transparent dont elle a ourlé, patiemment, la pelisse pailletée de chaque plante. Tout est raide, tout est blanc.

Au-delà du portail, la campagne vide et sereine se fiche du temps qui passe. Le cri d'une corneille fêle le silence et son vol noir ouvre dans la brume une traîne ; un chemin où cueillir ces premières heures quand tout paraît pur, inviolé. Quand tout paraît encore possible. C'est décidé, la morsure de la température ne découragera pas Vanessa d'aller par les sentiers.

Elle aime forcer le jour de son corps, s'enfoncer dans son secret comme le couteau creuse et découpe la matière sur la palette. Le souffle est court sous le poids de son long manteau, de son ventre lourd. Vanessa fait une pause pour reprendre haleine et caresser cet enfant en elle, les dernières secondes d'un rêve qui la fait marcher les pieds en dehors. Une oie ridicule qui espère que son petit arrivera bientôt. Celui-ci n'est pas pressé ; une semaine de retard par rapport à ce que le médecin avait compté. Pour l'inciter à venir, Vanessa commence à gravir la butte devant elle. Sa pente, douce d'ordinaire, lui semble maintenant abrupte. Imprenable. Ce n'est pas raisonnable, ses bottes glissent ; elle risque de tomber, de faire mal au bébé. Mais de là-haut, Vanessa sait qu'elle pourra se retourner sur la maison endormie. Prendre de la hauteur ou du recul, qu'importe, elle a besoin des deux.

Être au-dessus de ce petit matin blême. Loin du quotidien sans avenir, le nez collé à la porte fermée. Des jours passants, hypnotisés par le ciel et sa boule d'argent. C'est devenu cela vivre pour Vanessa, la gamine si vive, frémissante de sensibilité. Qui aimait saisir la boule, la sentir, ronde et lisse, rebondir dans son cerveau. Mais celui-ci se ferme et devient chrysalide, refuse de continuer à enregistrer les impressions. De ressentir plus que de raison. La vraie mort c'est ça ; l'arrivée au bout d'une imagination qui ne parle plus qu'en clichés photographiques. Quand la vue se contente d'être grise et les murs de la maison droits. Quand l'esprit ne dit plus que sa vérité vaine sur le monde.

Avec ses volets fermés, Charleston ressemble à un presbytère aux paupières collées. Ses hautes cheminées lui font la mine sévère ; deux tourelles austères qui accrochent le ciel et respirent faiblement. Au printemps, les nuages défont leurs attaches du toit et libèrent son ocre, l'irrévérente vigne qui grimpe jusqu'à sa gouttière. Mais hors saison, seule cette pâle fumée murmure les jours trop courts qui ne finissent plus de s'écouler. Elle raconte à Vanessa en signaux familiers que Duncan est levé, qu'il vient d'allumer le poêle dans l'atelier.

Ce refuge qu'elle a créé pour eux, pour qu'ils puissent peindre de concert une symphonie de couleurs. Un accord si fort que le lilas, le gris, le jaune, le vert mousse, le rose thé ont ricoché de pièce en pièce. Du sol au plafond, du salon aux chambres, des tableaux. Des nymphes et des dieux, des coupes de fruits et des grappes de fleurs, des cercles partout, directement sur les portes des meubles. Le projet d'une œuvre d'art totale, d'un univers étreint en un seul acte de compréhension. La créativité sur chaque faïence, sur chaque étoffe, comme une immense toile. Une vieille ferme devenue un paradis moderniste, un rêve de gamine qui peut enfin dessiner sur la tapisserie, qui peut tout avoir. Sauf Duncan qui part retrouver Bunny pour Noël. Malgré l'accouchement imminent, il avait annoncé ça hier soir sans même regarder Vanessa. En remettant une bûche dans le feu.

La guerre terminée devait proclamer à Charleston la paix des ménages, sonner le départ de David Garnett – "Bunny" comme le surnomme tendrement Duncan. Un lapin qui mord et que Vanessa a dû loger durant deux ans ; jusqu'à ce qu'il retourne à Londres reprendre sa carrière littéraire. Encore un putain d'écrivain dont il a fallu supporter l'ego, l'audace de spectre qui commente, furète, couche avec son homme. Un nouveau trio qui joue son refrain éculé ; d'autant plus cruel que Vanessa ne se contente pas de revivre ce qu'elle a fui. Par un mécanisme tragique, Vanessa s'est prise seule au piège. Les ailes collées dans sa propre toile.

Qu'est-ce qu'elle croyait en s'installant avec un homo notoire ? Qu'est-ce qu'elle pensait, au juste ? Qu'une simple baraque suffirait à lui faire tourner casaque ? Oui, Vanessa avait été assez conne pour espérer cela. Pour imaginer que cet endroit la lierait totalement à Duncan. Que tout ce qu'elle construisait autour de lui, de ses besoins s'insinuerait dans son âme et le détournerait de sa quête volage. De Bunny. Ce jeune benêt que Vanessa peint dans d'affreux portraits pataudś, rougeauds, bornés, quand le vrai le connaît autrement plus séduisant et musclé. La jalousie comme l'amour rendent aveugle.

Et pourtant, les règles avaient été claires dès le départ, elle ne peut accuser personne de l'avoir trompée. Se faire laboureurs pour échapper à la conscription, c'était leur projet ; celui de Duncan avec Bunny. Un plan auquel Vanessa s'est greffée, qu'elle a rendu possible, c'est vrai. Qu'elle a tenté d'accaparer. Pendant ces dures années où ils cultivaient la terre ensemble toute la journée, les responsabilités domestiques reposaient entièrement sur elle. À la tête de ce qui était alors une épave à retaper, Vanessa était obnubilée par l'absence d'eau courante et d'électricité, par le rationnement. Par le confort de Duncan pour qui elle faisait chauffer le baquet de sa toilette chaque soir. Tous ses efforts aucunement payés de retour ; ni par une quelconque contribution financière, ni par l'amour. L'ingrat s'endormait toujours dans la chambre d'à côté.

Au mieux, Vanessa pouvait s'y faufiler quand Bunny n'était pas là. Duncan l'utilisait alors *"pour se décharger"* – c'est ce qu'il écrivait à son amant amusé. Ou quand elle lui faisait vraiment trop pitié. Comme la nuit où elle l'avait supplié de lui faire un enfant.

Par quelle tournure des événements les femmes s'humilient-elles si souvent ? Réclamant presque d'être bafouées. Un jeu de la douleur que Vanessa sollicite ; il y a du bien à se faire mal. Une jouissance inconsolable qui pousse à s'abaisser soi-même pour que l'autre vous enfonce plus encore. Et Duncan se montre pour Vanessa un fossoyeur compatissant, gentiment moqueur devant sa déférence anxieuse, son attente fiévreuse dès qu'il s'en va. Ses lettres pathétiques – *Tu es certainement dans ses bras ; ne te couche pas trop tard ; me caches-tu beaucoup de choses ; reviens !* – auxquelles il répond ironiquement : *Ne t'inquiète pas maman.*

Car c'est bien une terrible sorte de folie maternelle qui s'est emparée d'elle. Un dérèglement des sentiments, un fallacieux tourment qui lui fait oublier l'anniversaire de ses fils, mais la transforme en insupportable pietà capable de tous les sacrifices pour celui qui la dédaigne. La change en tout ce qu'elle s'était juré de ne jamais devenir ; une femme au foyer, une mal baisée. Une minable.

Parce que Vanessa a beau proclamer ce désordre fertile, porter en étendard cette liberté qui l'enchaîne ; la vérité est qu'elle n'arrive plus à travailler, que tout ce qu'elle fait est sans envergure. Sans intérêt.

On croit souvent que la douleur doit s'attacher à la grande peinture ; le paravent du maudit est pratique pour faire écran au mauvais. Selon certains, l'art ne vaut que surmonté dans l'épreuve, mais chez Vanessa les impuissances sexuelle et créatrice forment une même souffrance. Son plaisir commande la performance. Une abondance, une force dont la dépossède Duncan qui recommence à exposer quand elle s'épuise à vouloir le garder. Quand les critiques l'appellent "Mrs Duncan Grant". Quand elle accepte de déménager son matériel au grenier pour lui laisser plus de place pour créer.

Et maintenant qu'il ne veut plus la toucher, Vanessa ne s'appartient plus. Cette passion a tout pris, son corps, son art. Personne ne peut créer quand la vie devient un spectacle inaccessible. Sans ressentir, sans se confronter à son danger, on ne s'intéresse plus aux autres que comme des objets. Des fragments pour étayer nos ruines. Des sculptures de musées qui nous poursuivent de leurs membres brisés, de leur visage d'autrefois que l'on a connu. Que l'on connaît bien. Celui du déclin de sa jeunesse.

Une femme de quarante ans passés qui dérive dans le courant, dans la froidure, et que ses mains ne parviennent plus à réchauffer. Dix doigts qui tentent de ranimer d'entre ses cuisses le foyer. Le supplice de s'ouvrir sans magie, sans grand portique sous la lune. Le souvenir de quand elle saisissait le manche du pinceau, ce bois dur où le cœur battait. La force qui coulait de son bras à son ventre, témoin de l'existence, de l'enfance. De la mère.

L'ensorcelant manteau de Julia qui l'enserre. Une cape que Vanessa s'est cousue d'après les portraits du passé qu'elle copie, pour recouvrir sa grossesse. Pour recouvrir ses obsessions. Toutes ces choses qu'elle réclame et qui la détruiront à la fin. Ses rêves dans lesquels elle se tient au centre de l'immense cathédrale de Talland House ; ce temple qu'elle a reconstruit et dont elle a tiré le rideau en représailles du monde. Fuir et s'enterrer vive dans un mausolée quand on voulait être Prométhée, quand on voulait voler le feu. Fuir le loup qui nous traque et se retrouver à faire le chien qui rapporte les pantoufles.

Il faut se rappeler que les monstres ne meurent jamais. Ce qui meurt, c'est la peur qu'ils inspirent et, sans elle, l'instinct de Vanessa s'engourdit. Dans le silence ouaté d'un salon rempli comme un œuf pour combler le vide. Une atmosphère étouffée de peintures, de beaucoup trop de fauteuils. Vanessa se pétrifie peu à peu en une architecture ; Charleston est une mer de pierres qui absorbe toute sa chaleur. Ferme ses yeux, sa bouche, son nez, sa peau. Son âme qui cesse de croître. La recroqueville à l'intérieur de son ventre. Une coquille à laquelle se raccrocher pour ne pas pleurer. Ça tache le canapé.

L'anesthésie générale du confort, d'un décor où l'air aussi semble matelassé. Où Vanessa sent son pouls ralentir en des heures qui se ressemblent et se surimposent ; identiques comme des papiers calques qui se superposent pour ne plus former qu'une seule image. *Still life.* Des tableaux qui ont désormais le même titre ; le même paysage de jours qui claudiquent et d'espaces qui se taisent sous la rumeur des arbres. Des soirs entiers où pas une étoile intelligente ne brille, à écouter les longues herbes battre les coups de butoir de la résignation.

Quand il vient voir les garçons, Clive fait semblant de croire aux discours de Vanessa, à ses histoires enjolivées ; ces arrangements avec la réalité que l'on se récite tous pour continuer à avancer. Quand elle lui présente Charleston comme l'aboutissement de ses recherches, son accomplissement. Le chef-d'œuvre d'une femme, bien sûr, sa maison. La transgression à domicile de qui renonce à chasser dehors, à renverser les peintres médaillés, les barbouilleurs auréolés. À tuer sur les terres hostiles des hommes. Clive sourit en une faible grimace, pour ne pas relever le goût salé des pêches que Vanessa a poché dans le sirop de ses larmes. Pour ne pas demander si son odeur lui manque ; si Duncan est assez courageux pour la prendre. Assez sombre pour voir sa lumière. Avant de partir, Clive murmure à son oreille de ne pas s'inquiéter, ne sont-ils pas encore mariés ? Il reconnaîtra le bébé. Il sera toujours là pour l'aider.

Dans le Sussex, la bouture du Bloomsbury a repris. Si les amants anciens de Gordon Square ne vivent plus ensemble leur utopie en des nuits sans frein, au moins passent-ils des étés côte à côte dans des cottages voisins. Des amis qui se retrouvent avec leurs nouvelles compagnes pour vieillir en cordialité au lieu de se perdre de vue ; les convenances saluées au passage. Celles d'invertis convertis en pairs d'Angleterre respectables.

Et Vanessa sert le goûter de marbre, les lèvres en forme de rose. Un bouton qui sourit, s'épanouit en cran d'arrêt quand les garçons dévastent le buisson de bégonias. Un trait habité par des cris, une envie sanguinaire de les tuer.

Vite, elle doit se calmer. S'accroupir le poing dans la bouche et faire mine d'arracher un pissenlit. Accélérer le rythme pour ne pas perdre l'élan. Avoir l'air affairé, chasser les hannetons des fraisiers pour ne pas gâcher la représentation de la parfaite hôtesse, embaumée d'allégresse trop parfumée. La voix composée se surprend à gueuler : *C'est un très bon week-end !*

Vite, elle doit réajuster son masque ; se dissimuler dans les plis muets de son jardin, de son orgueil. Vanessa s'engouffre dans le jasmin. Dans la musique des mouches, des abeilles. Près du bassin, des grands pavots rouges orientaux, elle sent la main de Roger Fry dans son dos. L'esquisse d'un souvenir tressaille le long de ses vertèbres, réveille dans les replis de sa chair le trouble de sa sensualité, de sa volupté passée.

Vite, elle doit rire à gorge déployée : *Qu'est-ce que la fidélité ?*

Tout.

Elle est son obéissance, sa foi en un homme que Vanessa croit plus doué qu'elle : *Duncan est exceptionnel !* Il ne reste plus que ces mots-là. Les autres, Vanessa ne les dit pas. Et pourtant, ils stagnent au coin de sa bouche comme des nénuphars. Il lui faudrait se pencher vers eux. Les toucher vraiment, les nommer peut-être. Mais elle observe longuement la façade de Charleston recouverte de fleurs, retire doucement la main de Roger : *Allons respirer la glycine.* Mettre le miel en bocaux, préparer la compote d'abricots.

Vanessa règne malgré le tumulte. Une comédienne charnelle, professionnelle.

Sauf avec elle.

Il était facile de détourner l'attention de Virginia quand l'écho des combats résonnait dans la bombe humaine de sa poitrine. Mais depuis que la dépression et la guerre sont finies, Vanessa a l'impression que sa sœur l'épie de derrière le massif de rhododendrons. Que cette garce voit tout. La coloration qui lui monte aux joues quand elle lui demande des nouvelles de sa prochaine exposition. Les fissures à ses commissures contractées quand elle commente ses assiettes décorées, son art devenu casanier : *Tu joues à la dînette ?*

On ne vit pas dans un temple et un rideau, ça se déchire. C'est écrit dans la Bible. La prophétie du monde écarté qui finit toujours par rattraper, du temps oublié dont l'aiguille bascule et fait tout chavirer. D'un ongle qui s'insinue dans les fils de la trame ; dans cet accroc que l'on n'avait pas remarqué. Que l'on espérait pourtant avoir solidement raccommodé. La griffe glisse, cherche et trouve ; agrandit l'interstice pour que l'œil vienne s'y coller.

Et comment Vanessa pourra-t-elle empêcher Virginia de la regarder en ce Noël déserté ? Avec son gros ventre, elle est comme un gibier à découvert sur cette terre dévastée par l'hiver. Derrière quel tronc grenu, à l'abri de quelle cloison de papier pourra-t-elle se cacher ? Même pas une ombre pour la protéger. Même plus celle de Duncan dont elle observe en contrebas la silhouette s'éloigner. Il quitte tranquillement Charleston à pied pour aller prendre son train au bourg d'à côté.

Vanessa sent alors que quelque chose craque et elle la laisse craquer.

Elle a l'impression que ça part de ses reins et irradie dans tous ses muscles ; une ébullition jusque dans son sexe, cet espace oblitéré par le manque. Tout son sang s'y retire telle une vague qui prépare un raz-de-marée. Un grand débordement d'écorchures et de gerçures tant de fois rapiécées qu'elles finissent par lâcher, par coller à Vanessa une effroyable nausée.

La contraction la laisse épuisée. Trop glacée, trop fatiguée à l'idée de rentrer ; de retrouver Julian et Quentin encore plus chiants qu'à l'accoutumée, surexcités par la perspective des cadeaux sous le sapin, par l'arrivée de la merveilleuse *auntie* Virginia. Qui entre toujours dans leurs jeux, qui sait partager leurs joies.

Les larmes, Vanessa veut juste les larmes ; leur baume silencieux sur ses blessures. Sur ses joues d'albâtre. Elle veut juste une voix pour lui dire de faire attention en descendant la colline, juste une main pour la retenir par le bras. Mais c'est une nouvelle contraction qui la saisit et lui coupe les jambes, elle tombe et dévale la pente sur les fesses. Arrivée en bas, elle doit se rouler sur le flanc, se mettre à quatre pattes pour se relever. L'effort est immense. Une fois debout, Vanessa réalise que son entrejambe est trempé. La poche des eaux a cédé, elle est terrorisée.

De quoi le temps est-il fait ? Son rythme ? Et la distance, à quoi ça ressemble ?

Des questions simples et directes, des demandes d'enfant. Les plus importantes peut-être. Des interrogations auxquelles on oublie de répondre en grandissant.

Des abstractions qui revêtent les significations que chacun veut bien leur coller. Par exemple, pour Vanessa, le temps se mesure simplement. C'est une absence. Celle de Virginia. Son mouvement est celui d'un balancier ; l'oscillation en apesanteur de la pendule héritée des parents qui tarde toujours à frapper les heures sur sa cheminée. Un tempo à rebours de sa sœur, de ce monde extérieur que Vanessa lui a laissé. Comme les battements d'un cœur qui se vante de la victoire ou feint l'indifférence, mais n'est jamais en sécurité. Il honore toujours celle qu'il a aimée. Ça s'entend dans ces contretemps ; ces coups qu'il manque chaque fois qu'elle apparaît dans la boîte aux lettres. Dans les journaux. Les articles qu'elle signe ou ceux, aussi nombreux, qui l'acclament. Qui pressent son angoisse et font naître le visage de *Virginia Woolf*.

Ce nom, Vanessa le déchire, le mâche, l'avale. Elle le dévore pour la faire disparaître. Mais voilà que dans le ciel passe son autographe. Le V de migrateurs voyage et tend à nouveau un méridien ; une ligne d'imaginaires entre leurs deux phares. Les signaux sont faibles, contraires. Et les oiseaux s'égarent, volent en cercle au-dessus de Charleston comme au Purgatoire.

La distance, ça dépend de la lumière. D'un écart qui s'élargit jusqu'aux rebords assombris de la vieillesse. Cet itinéraire entre la colline et la maison, parcouru tant de fois que l'on croit pouvoir le remonter les yeux bandés dès qu'on le voudra. Pourtant si l'on n'y prend pas garde, on s'y perd. Le chemin est soudain inaccessible parce qu'on a trop tardé à rentrer. À comprendre que ce n'était pas Virginia que je fuyais mais moi que je cherchais. Que notre amour imparfait, toujours à l'unisson, toujours en décalé, est peut-être l'unique amour que je n'aurais jamais.

Et dans la clarté éclatante de cette douleur qui me transperce, qui me fait tituber jusqu'à la ferme, je ne sais plus qu'une chose. J'ai besoin de ma sœur.

Tout me ramène à elle.

À la puissance de cette petite chèvre revenue des cendres, revenue loup. Encore plus forte que dans les souvenirs de notre enfance. Ce phalène. Ce phénix qui sortait chaque nuit, les ailes battantes contre la folie, et qui renaît en plein jour.

Virginia, ma reine vierge.

La seule femme d'Angleterre qui peut écrire et publier ce qu'elle veut. Son royaume.

C'est Leonard qui l'a sauvée, il a réussi là où j'ai échoué. Là où je n'ai même pas essayé.

Il ne lui a pas seulement évité l'internement ; il lui a rendu son stylo et il lui a bâti un éden. Une forteresse, The Hogarth Press. Pour que Virginia n'ait plus jamais à demander quoi que ce soit *aux autres*.

Pour qu'elle puisse enfin se libérer du passé et devenir elle-même.

Cette rencontre de leurs êtres, je ne l'avais pas comprise. Je ne pouvais pas la sentir car j'étais trop pleine de moi-même et de mépris. D'un antisémitisme qui ne voyait dans leur lien que des mensonges, de sales petits arrangements entre ratés aux abois. Mais une union est-elle pétrie d'autre chose ? Ne cherche-t-on pas toujours chez un autre tout ce que l'on croit nous faire défaut ? Virginia empêtrée de ses dons dont elle ne sait que faire, et Leonard désespéré de n'en avoir aucun. Après l'échec de ses romans, un homme qui a le courage de se ranger du côté du vrai talent. Du côté de son épouse.

Une leçon pour moi. Celle de deux amants qui n'ont jamais consommé leur mariage. Qui ont eu la chance de l'amitié, d'une vie à égalité ; d'une vraie fécondité entre un homme et une femme. Cette richesse que j'ai gâchée avec Duncan. Plus que de baiser, c'est peut-être bien de cela qu'il s'agit quand on parle de faire l'amour.

Dans une connivence extraordinaire, les Woolf lancent le tirage d'un nouveau roman, le ratent. S'engueulent ! Lisent à nouveau le mode d'emploi de leur satané appareil et recommencent. Relient, préparent les paquets, collent les étiquettes, courent à la poste.

Ils donnent un sens à leur existence ; inventent leur vie ensemble dans une jungle de livres, qui les envahit même dans la cuisine où Leonard prépare les caractères pour les volumes à publier en même temps que le haddock et les pommes de terre. Un véritable capharnaüm qu'ils transforment en l'une des plus éminentes maisons d'édition du pays.

Virginia a fait de la table du salon un bureau jonché de papiers, d'innombrables manuscrits à terminer. Des heures à écrire sans arrêt ; un essai, son journal intime, une nouvelle. Sa définition d'un bonheur absolu dont elle lève parfois le nez parce qu'elle a envie que Leonard lui apporte un biscuit : *Frère, es-tu dans ta cantine ?*

Son frère. Celui qui a compris sa douleur mieux que sa propre sœur.

Ses besoins impérieux, totalitaires ; une autre capeline, une nouvelle fourrure, une commode ancienne. Tout Shakespeare relié en maroquin rouge. Déménager à Tavistock Square. Revenir au cœur de son cher Londres, de Bloomsbury ; des mondanités qu'elle révère et que Leonard abhorre, complexé comme il l'est par ses origines sociales. Mais il accepte de sacrifier tout ce qui est nécessaire à la naissance de ses chefs-d'œuvre. À ce que Virginia appelle ses *puddings odieux* ; les épreuves de ses livres qu'elle voudrait brûler mais que Leonard retire toujours des braises et annote avec minutie. Adoration. Ce miracle qu'il aide jour après jour à s'accomplir quand je ne faisais qu'en barrer le destin.

Virginia Woolf.

Une auteure célèbre au rempart de lecteurs dressé entre elle et l'ombre de Virginia Stephen. Entre elle et moi.

L'obstacle de Vita Sackville-West est le plus solide. Plus élevé encore que *Mrs Dalloway*. Une admiratrice précédée par son aura de Lady Chatterley et introduite auprès de ma sœur par ce vieux félon de Clive.

Dans une lettre exaltée de septembre dernier, Virginia m'apprenait tout de sa rencontre avec la riche héritière de Sappho. Une romancière dotée de la détermination d'un Orlando *furioso* : *Elle écrit quinze pages par jour quand je m'effondre au bout de trois !* Une aventurière au reflet insaisissable. Un hologramme connu pour porter des pantalons ; pour passer avec fluidité de la moustache rehaussée de fard aux robes brodées de sequins. Une femme-homme ; encore un être de frontière qui fait danser sa vie sur un trait d'union. Qui fait bruisser le scandale dans toute la capitale depuis qu'elle a fui enfants et mari, en compagnie d'une nouvelle amante : *Il faut absolument que je te la présente ; je vais te l'amener dans ton horrible Sussex !*

Nous ne pouvions que nous déplaire. Elle, l'élégant pur-sang et moi, la mule à longues oreilles. Le visage bouffi par un œdème, le bide et les fesses à l'étroit dans ma robe de fruste campagnarde. Un foulard couvrant mes cheveux. Je me faisais l'effet d'un portrait démodé. La laitière de Vermeer comparée à ses cheveux coupés à la garçonne et au chic vaporeux de sa blouse en soie. Comparée à sa vie de château et de Monte-Carlo ; à ses incroyables voyages qu'elle raconte avec cette aisance souple d'aristocrate qui la fait se sentir, d'Ispahan jusqu'à Bagdad, partout chez elle. Surtout chez moi.

Vita visitait Charleston en jetant autour d'elle des regards curieux, un peu dédaigneux. Elle avait arqué un sourcil malicieux en remarquant que Duncan peignait beaucoup de nus, et moi beaucoup de pots de fleurs : *Vous devriez foutre la paix aux murs et vous attaquez au vent !* La condescendance d'une nomade envers une sédentaire confinée loin des années folles. Glacée sous le vernis d'une bonne odeur de pain.

Virginia essaya de voler à mon secours en défendant mon style, mais ne réussit qu'à m'enfoncer en clamant qu'elle achetait tout ce que je faisais. Elle était la mécène de sa pauvre sœur ; une peintre du dimanche qui ne montre et ne vend ses tableaux qu'à son entourage. Afin d'ajouter à ma mortification, Julian et Quentin avaient choisi ce moment précis pour faire irruption dans le salon couverts de boue, courant partout, m'obligeant à me lancer à leur poursuite. Me laissant juste le temps d'apercevoir le coup d'œil entendu qui s'échangeait entre Vita et Virginia.

Un nouveau duo plus flamboyant que l'ancien ; il relègue loin derrière mon cœur sans foi. Car l'éternité réside dans la croyance en son démon, dans la nécessité d'enfoncer les yeux de sa vision et les mâchoires de sa chanson.

Une image dans le miroir de l'autre, voilà ce que sont Vita et Virginia avec leurs manteaux assortis, leur snobisme cintré. Leur narcissisme qui, par-delà leurs différences physiques, les fait se ressembler. Les rassemble dans un même langage corporel, universel et transparent ; celui des amants. Cette façon d'être raccord avec la personne aimée, de se pencher vers elle pour lui parler, la respirer. L'intimité de la main de Vita qui lisse une mèche évadée du chignon de Virginia.

Après la notoriété, ma sœur a donc conquis la sexualité. Le dernier territoire que je croyais habiter. Que me reste-t-il désormais ?

Allongée sur le dos, je me redresse à l'aide des coudes. Les jambes repliées, les pieds enfoncés dans le lit, mes doigts agrippent les draps et mes yeux s'ouvrent de l'autre côté de la vie. Une immensité qui fait sauter toutes mes digues, qui me rappelle que je sais nager mais que le fleuve est dangereux. Et s'il ne me noie pas, j'ai de quoi mettre au monde plus qu'un enfant ; une longue patience de femme. Alors je consens à en honorer la fureur.

En cercle autour de moi, les choses s'incrustent dans ma chair puis se détachent. L'orchestre de Charleston s'assemble puis se diffracte dans les pleurs des garçons, la porte qui claque ; les appels du médecin, les pas affolés de la bonne qui s'éloignent. C'est comme si toute ma chambre était en train de battre. Il n'y a plus que cette pulsation intérieure qui se contracte, concentre l'image et me réduit à l'essentiel. Tenir face à la prochaine vague. Revenir rapidement à l'air libre pour respirer, ne pas couler. Dans mon corps, une onde puissante palpite entre le vaincre et le périr. Son courant ruisselle sur les murs de ma conscience torturée, c'est au tour de l'instinct de se réveiller. Il s'élance, assène des coups contre la herse de chacun de mes muscles bandés, pressés, serrés, tordus. Un tas de viande qui tressaille sous la marée ; je ne suis plus qu'une carcasse qui convulse dans cette transe de la souffrance.

Tout est flou dans la couleur de mes larmes. Des visiteurs en scaphandres me parlent. Je vois bouger leurs lèvres. Des mains me soutiennent, me massent, mais rien d'humain ne peut me soulager. Je suis seule, personne ne peut m'aider.

Pourtant j'avais crié, peut-être trop fort ou peut-être pas assez. Mais ce cri-là, je sais qu'on l'entendra.

Un cri animal, infini de la nature qui ouvre mon sexe éventré.

Un ange sort de moi et avec lui ma révolte contre la douleur. Car celle qui la chérissait est morte pour ne pas tendre à sa fille son habit de peau balafrée, cette première image de crucifiée. Ce fardeau que nos mères nous lèguent à la naissance. Et leurs mères avant elles. Et celles encore avant. Des poupées russes vidées de leurs tripes de génération en génération.

L'univers repose à mes pieds et je le prends dans mes bras. Voilà le nouveau départ et, au-dessus de lui, brillent les yeux de Virginia. Grands en dedans, qui me guettent toujours aux aguets ; en sentinelle à chaque carrefour de l'existence depuis notre enfance.

Tout a changé mais tout est pareil.

Tout est sauvé dans la beauté du silence d'après. Dans la façon qu'a Virginia de s'asseoir à mes côtés, de m'enlacer pour nous bercer, la petite, moi. Mes pleurs intarissables.

Ma sœur me regarde. C'est banal. Dans les romans d'amour, il n'y a que ça, des regards. Parce qu'on ne s'aime que comme ça, en se regardant. En se montrant à l'autre.

D'une certaine manière, nous souffrons toutes les deux d'une passion non payée de retour. Toi pour Duncan, et moi pour toi…

On est aimé quand on peut avouer à l'autre sa faiblesse, sans qu'il ne s'en serve pour lui-même. Sans qu'il n'y affermisse sa force sur toi. C'est ce qu'il y a de plus rare et de plus délicat dans ce métier de vivre.

… mais ta beauté est fanée ! Tu as une tête à revenir de l'Enfer ! Mon amour incestueux peut désormais tiédir

Je ne lui laisse pas le temps de terminer. Je l'embrasse. D'un baiser doux, d'un baiser chaste.
Comment c'est avec une autre femme ?

Nos rires sont couverts par les rugissements de Leonard qui court derrière Julian et Quentin dans le couloir, totalement dépassé. Virginia se fait alors grave : *Je peux la tenir ?*

Elle sert la petite un peu trop fort mais je ne lui dis rien : *Si j'avais insisté auprès de Leonard, j'aurais eu un enfant moi aussi, un coin de gazon où il aurait pu jouer. Cela me rend toujours très malheureuse aux petites heures de la nuit.*

Sur le pont de la carence, c'est là que nous nous rejoignons ; celui du déni de nos corps par deux hommes. Deux sœurs qui ont fait des choix difficiles pour être libres, pour briser des chaînes auxquelles elles n'ont peut-être qu'ajouté des maillons. Deux faces de Mrs Dalloway éclairées par une chandelle à moitié consumée. Clarissa reléguée par son mari à dormir seule dans un lit de plus en plus étriqué ; montée seule dans sa tour dont elle avait refermé la porte, laissant le soleil mûrir dehors.

Pour une femme qui décide, il y a toujours un prix. Quelque chose à laisser en gage.

J'aimerais que nous l'appelions Angelica. Comme dans le conte de Thackeray.

Je souris car je trouve cela bien trouvé. La princesse dans *La Rose et l'Anneau* qui jette l'anneau grotesque des illusions, du mariage et de la séduction.

Angelica sera nôtre.

Notre petite sœur qui n'abdiquera rien, qui raflera toute la mise.

Nous l'habillerons de blanc et de rubans, de boutons de nacre. Nous la parfumerons de violette. Nous lui dirons les insectes et les arbres. Nous lui enseignerons à s'armer de mines de crayons.

Peu importe par quel homme tu es entrée en moi, Virginia. Angelica a déjà ton regard. Cette vue qui ne regarde pas devant mais bien au-delà des détours du chemin.

Des méandres qui vont toujours quelque part.

C'est un bel après-midi bleu, dur, sec ; un temps de contemplation. Un temps idéal pour emprunter la chenille du centre Pompidou.

Depuis l'escalier roulant, le regard s'élève lentement au-dessus du parvis effervescent, au-dessus de son théâtre permanent, des rues attachées à des roues qui tournent. L'aquarium du monde. On se sent chanceux d'arrêter d'y naviguer un instant, de s'extirper de son flot incessant de visages ; un dieu un peu perdu en ce jour de semaine, à flâner parmi les visiteurs épars sur les passerelles du musée. Plusieurs réalités coexistent en une seule. Un équilibre presque insensé, tel un défi lancé à l'horizon.

Vers lui, l'escalator s'élève encore et finit par percer le plafond des toits. La ville de zinc n'est plus protégée que par la mince feuille du ciel. Au sixième étage, elle se laissera saisir complètement.

Depuis ce belvédère, Paris ressemble à un continent. La Terre entière, calme comme la mer sur un dessin d'enfant sage. Un paysage de coupoles et de clochers qui passe à côté de l'heure pour faire escale dans l'éternité. Un port, un abri dans cette vieille beauté qui dit à l'aînée de se laisser aller, de larguer les amarres ; tout ce qui l'attache aux hommes. Son mari au travail, le grand à l'école, le petit dernier à la crèche.

Elle a pris sa journée pour en profiter. Pour se faire une expo avec sa sœur.

Comme d'autres se donnent rendez-vous au café, l'aînée donne toujours rendez-vous ici à sa cadette : *Garçon ! Une tranche de ville énorme et une gorgée de soleil haut !*

Leur façon à elles de se retrouver, d'échapper à leurs quotidiens de mères chavirées, fatiguées par les années qui avancent et qui sonnent de travers, sans cesse à refaire. Les travaux de la maison, les inscriptions périscolaires, la révision des quinze mille, le frottis, la vie. Toutes ces conversations dérisoires des dimanches avec leur mère dont elles peuvent, pour ce court moment, s'extraire. S'offrir le luxe de l'éphémère ou du moins sa vague impression.

Bien sûr, la cadette est en retard. L'aînée est celle qui arrive en premier, qui appelle en premier, qui s'inquiète en premier. Parfois, elle se demande à quoi bon insister ; pourquoi continuer à se voir, pourquoi ne pas se contenter des fêtes de famille, pourquoi ne pas simplement s'oublier ? Parce que cela ferait une date, ou plutôt une stèle de cette architecture d'usine à gaz. Et l'aînée passerait devant en se rappelant qu'à cet endroit, elle avait lâché la main de sa sœur. Lâché la main de son enfance.

Bien sûr, elle reconnaît sa cadette de loin. Avec ses cheveux épais qu'elle enturbanne autour de sa tête de poupée. Le teint de porcelaine qui, aux coins des yeux, commence à se fendiller. Et ce sourire lumineux et serein qui demande : *Tu te souviens ?* Un sourire qui annule la largeur du passé ; l'agacement de l'aînée qui ne peut tout de même pas s'en empêcher : *Tu pourrais te dépêcher !*

Bien sûr, la cadette claque une bise sonore sur sa joue faussement renfrognée comme si de rien n'était : *Arrête de râler !*

"Elles font l'abstraction." C'est ça le thème de l'exposition. Ravauder l'histoire amnésique, relire l'apport des femmes à la modernité artistique et les mécanismes qui les ont invisibilisées. Entre les salles successives consacrées aux figures de celles qui s'en sont le mieux tirées – Lygia Clark, Georgia O'Keeffe, Louise Bourgeois, Aurelie Nemours, Sonia Delaunay-Terk, Joan Mitchell, Sophie Taeuber-Arp –, la scénographie fait place aux oubliées.

L'aînée est emballée par les œuvres toutes en lignes, pointillés et traits de Georgiana Houghton ; une artiste médiumnique qui pensait que son pinceau était guidé par les esprits. Fidèle à son habitude, la cadette se moque de ses goûts mystiques. Elle préfère les tisseuses du Bauhaus, les peintures en laine de Gunta Stölzl. L'aînée la pousse du coude : *Ça te donne des idées pour ton atelier ? Et au fait, le client qui t'avait fait restaurer tout un canapé, il a fini par te payer ?*

Toutes les deux restent longtemps hypnotisées par la vidéo d'une performance imitant la "danse serpentine" de Loïe Fuller. Grâce à des projecteurs, les sept voiles du costume changent de couleur ; une soie virevoltante et iridescente qui transforme tour à tour l'actrice du film en papillon, en orchidée, en aurore boréale.

Et puis il y a cette installation sur le mur. Un portrait projeté à l'air d'ange égaré et vaguement familier : Vanessa Bell. Pourquoi on la connaît ? C'est qu'elle ressemble énormément à son illustre puînée ; quelque chose d'indiscutable qu'elles partagent dans un profil commun et racé.

La sœur de Virginia Woolf, le fait saillant de la biographie de Vanessa. Coincée entre elle et les autres membres du Bloomsbury, ceux qui l'auraient façonnée. Clive Bell et Roger Fry ; Duncan Grant avec qui elle vivait comme mari et femme, ou frère et sœur, ou cousins – c'est difficile à comprendre –, enfin ils vivaient ensemble quoi ! L'accrochage se résume à une poignée d'œuvres. Ses plus radicales mais les moins représentatives – dont un quasi-monochrome jaune de 1914 "unique", explique le carton, dans son travail – ; des motifs géométriques pensés pour l'habillement, l'ameublement. Des photographies de Charleston. Le reste ne collait pas au sujet. Ou ne devait pas faire assez sérieux.

L'aînée a déjà avancé vers l'espace consacré à Natalia Gontcharova, mais voyant que sa sœur tarde à la rejoindre, elle revient sur ses pas.

Ce qui retient la cadette, ce sont les jaquettes que Vanessa a réalisées pour les livres de Virginia. Toutes ses œuvres parues chez Hogarth Press sont ornées de gravures signées V.B.

La cadette scrute avec intensité la plus réussie ; celle de *Vers le phare.* Une tour de Babel, un arbre incandescent plongé dans les vagues. L'aînée piétine à côté en se demandant bien ce que sa sœur y voit.

Pourquoi tu crois que l'on ne s'est pas souvenu d'elle ?

La question prend de court l'aînée ; pour tout dire, elle la trouve un peu conne.

Ben, parce que c'était une femme…

N'est-ce pas là tout le but de cette exposition ? Montrer comment les critiques, les écoles, tout un système dominé par des hommes ont gommé la reconnaissance de ces artistes. Mais la cadette affiche une moue boudeuse. Elle n'est pas convaincue.

… ou peut-être parce que son œuvre est assez banale.

Il n'y a qu'à regarder autour de soi pour s'en rendre compte ; il y a eu plus audacieuse que Vanessa Bell dans l'avant-garde. Tout ce qu'elle fait à partir de la Première Guerre mondiale s'affadit, s'affaiblit. Se résume à de l'art appliqué. Décoratif.

Maintenant, la cadette semble carrément contrariée, elle fait sa tête aux sourcils froncés. Elle n'est absolument pas d'accord avec cette échelle de valeurs ; ces critères dévoyés et cloisonnés à l'aune desquels on juge la réussite. Pourquoi l'utile ne pourrait-il pas être vraiment beau ; pourquoi n'y aurait-il pas d'absolu à se laisser submerger par l'ordinaire ? Et la grande peinture sert-elle finalement à autre chose qu'à tromper l'ennui ? De quoi les cortèges de crucifix et de batailles témoignent-ils d'important dans nos vies ? N'est-il pas plus poignant de dire que les jacinthes sont finies ?

L'aînée ne saisit pas l'enjeu de cette lutte sourde qui se trame avec sa cadette. Elle sent l'émoi qui l'agite. Il vaudrait mieux laisser tomber. Mais l'aînée ne sait pas abandonner le dernier mot aux autres, parce que les mots sont à elle. Et assène qu'il n'y a pas de révolution quand on va dans le sens des conventions. Quand on fait des choix qui ne bousculent personne. Quand on joue à la rebelle planquée dans son salon.

C'est à cause de sa sœur si Vanessa Bell a été oubliée.
L'aînée reçoit cette phrase comme un coup de poing.
Parce qu'elle lui est destinée, elle le sait bien.

Il y a longtemps que ça se passe ainsi.

On sourit même si nos égouts empestent et demandent la vidange. Les choses anciennes dont on ne parle plus flottent dedans. Régulièrement, il y en a une qui remonte à la surface tel un vieux mégot. Un meurtre impuni de l'enfance enfouie qui se tend sous la peau. Et quand les plis de la bouche sont trop douloureux, leurs ressorts lâchent. On se fâche.

Dans toutes les fratries, les livres de comptes sont épais. Parfois, on ne parvient même plus à les refermer. Les pages à lire à rebours racontent toujours l'ambition (celle qui en a trop, l'autre qui n'en a pas assez), l'affection (celle qui a tout pris et l'autre qui n'a rien laissé). Des frontières absurdes que les parents ont tracées à la craie sur le globe et que l'on n'a pas su effacer ; chacune a défendu sa terre étroite. Et si l'autre voulait s'aventurer sur son territoire, on la poussait avec les orties dans le fossé. Juste au moment où elle ramassait le ciel.

Je suis là !

Je suis là !

Je suis là !

C'est la honte qui appelle. On se penche sur elle et on reconnaît son regard au fond des bois. Celui d'une fillette aux abois avec son affreuse nouvelle :
Tu n'as pas été une si gentille sœur que ça…

Le classique de la rivalité depuis Abel et Caïn.

Mais est-ce que deux frères, ce n'est pas différent de l'inverse ?

Est-ce que la jalousie entre sœurs, ce n'est pas plus grave ?

Parce que de la place pour deux, il y en a encore moins quand on est femmes.

Surtout si l'on écoute les faiseurs de podiums, les maçons acharnés de premières marches aux arêtes aussi périlleuses qu'escarpées. John Maynard Keynes qui rend visite à Vanessa après les romans à succès ; après les conférences à Cambridge dans des collèges de jeunes filles qui, réunies, donneront *Un lieu à soi*. Ce salaud qui lui dit pour s'amuser, pour l'emmerder : *Eh bien, il n'y a plus de doute, nous savons à présent qui est la sœur célèbre !*

La sœur fragile.

La sœur folle.

La sœur suicidée.

La belle postérité écrite par Quentin ; le premier biographe de Virginia et le second fils de Vanessa. La main armée d'un stylo et guidée par la vengeance de sa mère ?

La question tournoie dans la tête de l'aînée. Elle est restée devant les jaquettes de la Hogarth Press. Devant *To the Lighthouse*. Mrs Ramsay, le vrai phare de l'histoire. Encore un personnage inspiré de Vanessa.

Un dessin dans lequel l'aînée veut voir un langage commun. Souvent heurté mais jamais ininterrompu. Une image et un texte qui n'ont parfois aucun rapport mais qui fonctionnent étrangement ensemble. Comme elles. Des petites filles qui continuent de mêler leurs tresses. Qui joignent leurs mains pour traverser toutes les contrées inhumaines. Des âmes sœurs.

Virginia qui reste toujours fidèle à Vanessa pour illustrer les couvertures de ses livres, même quand elles sont tournées en ridicule par les libraires : *Trop de fleurs, trop de cercles ! Celle de* La Chambre de Jacob *? Franchement laide !*

Vanessa est vexée. Elle accuse ce bon à rien de graveur d'avoir mis trop d'encre dans la machine, d'avoir mal positionné son modèle : *Hogarth Press ne mérite pas mon nom !*

Virginia va chez l'imprimeur et retouche elle-même les couvertures tirées de travers. Afin de se consoler du désastre, elle achète une maison de campagne à côté de Charleston, Monk's House.

Et de l'une à l'autre court un sentier qui cogne à la porte dix fois par jour.

Pour voir Angelica et inventer une pièce dont le héros est son chien.

Pour se remonter le moral après chaque infidélité, après chaque départ de Vita.

Pour faire le compte rendu de ce manuscrit auquel Vanessa n'a rien compris, mais dont elle dit tout de même que c'est un chef-d'œuvre. *Tu ne me crois pas ?* Lire à haute voix en courant derrière Virginia qui se bouche les oreilles : *Oh, m'éveiller de mon rêve ! Regardez, voici la commode. Il faut que je me sorte de ces eaux. Mais elles s'amassent sur moi ; elles me ballottent entre leurs dos énormes ; je suis retournée ; je suis renversée ; je suis étirée, parmi ces longues lumières, ces longues vagues, ces sentiers sans fin, où des gens me poursuivent, me poursuivent.*

Pour terminer ce portrait en majesté de Virginia, même si Duncan s'est encore carapaté chez l'un de ses fiancés. Même s'il essaie de saboter Vanessa à une semaine de son exposition solo à la Cooling Gallery. Tout ce qui compte, c'est de fignoler chaque détail du visage retrouvé de sa sœur. Sa robe noire, son col et ses manches de dentelle blanche. Son fume-cigarette. Ses jambes croisées dans son fauteuil fleuri, à côté de sa bibliothèque. Une résurrection en 1930 à propos de laquelle Virginia écrit : *Les journaux disent de Mrs Bell qu'elle est "la peintre la plus importante de son sexe en vie"... quelle que soit la signification de cette expression, cela doit vouloir dire que ses tableaux défendent quelque chose, représentent quelque chose et seront quelque chose que nous méjugeons aujourd'hui à nos risques et périls. Ne pas aller les voir revient à fermer sa fenêtre lorsque le rossignol chante.*

L'aînée sursaute en entendant siffler derrière elle.

Un air familier qui fait se lever le surveillant de salle. La cadette a droit à un sermon carabiné.

Pardon monsieur ! Promis, je ne recommencerai pas !

Toutes les deux pouffent comme des gamines.

Ça y est, le cerbère est parti.

Un signe de tête de la cadette qui dit : *Tu viens ?*

J'arrive !

Je l'ai crié un peu trop fort. Le surveillant se relève déjà mais je ne le vois pas.

Je ne vois que ma sœur avancer entre les allées.

Je ne vois plus qu'une nécessité, raconter Vanessa et Virginia.

Combien de personnages meurent dans les histoires de Virginia Woolf ?

Beaucoup.

Ses romans sont pareils à sa mort, des chagrins prédestinés.

Les pages se tournent vers le deuil annoncé. Des premiers chapitres, on sent soudain arriver le dernier. Un écheveau triste mais logique qui se déroule ligne après ligne, mot après mot.

Mort après mort, la jeunesse de l'incipit n'a plus de forme. Les heures éblouies de la poésie deviennent des paquets d'étoffes ramenées, dans un mauvais drapé, sur une épaule tombante. Pourtant, on vient à peine de comprendre le cœur de l'héroïne ; un cœur cousu de fil blanc défait patiemment, point par point. Mais il faut qu'il tienne encore un peu debout, comme il faut amener des vieux souliers jusqu'au bout. Pour que l'auteur puisse porter le sourire de l'accomplissement en s'exclamant : *C'est l'heure de les jeter !* L'illusion d'une obligation antique, tragique, qui coule des pans de sa toge bricolée. Ses pieds nus dépassent de l'ourlet. Les orteils sont laids et s'agitent ; ils se félicitent d'être arrivés si loin. Et le lecteur doit se résoudre à voir la parole rétrécie en une courte épitaphe. C'est la fin.

Je n'ai jamais pu me résoudre à la mort des personnages dans les romans, comme à celle de Julian et de Virginia.

Il est faux de penser que les histoires ne prennent toute leur signification que lorsqu'elles se terminent. Les morts des livres, de ma sœur, de mon fils sont incompréhensibles parce qu'elles ont cela d'inacceptable et de commun, elles n'ont pas de corps. Et ce vide est l'exact opposé du sens ; l'exact opposé de la maladie de ma mère, de mon père, de Stella, de Thoby. Une fatalité qui me laissait au moins des macchabées, des parois de peaux auxquelles m'accrocher.

Rachel et Septimus. Mrs Ramsay et son fils Andrew, sa fille Prue. Jacob. Percival qui passe avec les vagues. Les sœurs Pargiter englouties par les années. Julian et Virginia. Tous sont morts sans trace, sans fondement, sans coup matériel contre lequel déchaîner ma fureur. Un malheur dont on aurait pu décider autrement. C'est pour cela que leur deuil est indépassable. Insurmontable.

Ces fantômes-là ne s'évanouissent dans les rabats d'aucune couverture de livre, ils me rentrent par le ventre et je les mets au monde à n'en plus finir. Parce que tout ce que je comprends d'une histoire, comme de la vie, c'est que je veux qu'elles continuent.

Alors je les fais revenir dans cette pièce où je suis enfermée.

The Other Room.

Je venais d'achever ce tableau quand Julian m'avait annoncé son intention de partir.

C'est sans doute pour ça que je l'associe à un maléfice, que je me cogne aux murs de son salon, à son temps aboli. Un vortex qui veut que je revive chaque erreur, que je relise tous les signes annonciateurs. Si évidents qu'à l'époque je ne les avais pas vus. On ne voit pas toujours les choses qui sont devant nous. Les gens.

Le divan, le fauteuil, la fenêtre fermée mais les rideaux ouverts, la porte dérobée, les fleurs presque au centre, rangées dans le vase posé sur le guéridon. Je réinterprète les détails, les éléments de la scène avec l'inexorabilité confuse d'un rêve. Avec la maniaquerie irrationnelle de celle qui reste. Pour empêcher l'oubli, ou bien pour réussir à l'accomplir. Pour essayer de m'y retrouver, de me raconter comment ça s'est passé. L'anéantissement de mon univers.

Julian avait détaillé la peinture encore fraîche sur mon chevalet. D'un air acéré, l'une après l'autre, il avait pointé du doigt les trois figures féminines qui la composent ; celle étalée sur le canapé, celle courbée dans le fauteuil, celle debout qui regarde par la fenêtre.

Toujours la même pièce de théâtre.

Ce commentaire inattendu m'avait désarçonnée, profondément blessée. Julian n'avait jamais critiqué ce que je faisais. J'avais cherché à me justifier, à lui expliquer ce royaume féminin dévoilé, cette ambiance feutrée où les femmes peuvent occuper toute la place, une couronne en partage dans un endroit à elles…

Une rengaine que mon fils avait coupée avec la rage de ses vingt-huit ans : *N'en as-tu pas assez de te cacher ?*

L'enfant comme l'arbre grandit. Il projette ses branches vers le ciel et s'éloigne du sol même qui l'a nourri. Crache le lait ; griffe, pince, mord le sein qu'il a tété. Décroche ses ongles de ma chair, de la pierre de Charleston. Julian ne voulait plus rien savoir du lierre, de cette Angleterre au passé figé qui me réchauffe et me rassure. De ces vallées encaissées d'où la petite flèche du clocher perce comme un phare au-delà des champs. Lui voulait aller où ça convulse, où ça bout. Se jeter au-dehors dans la guerre d'Espagne, dans la gueule du loup.

Qu'est-ce que j'en ai à foutre des Brigades internationales ?

Le bruit du monde m'était égal. Tout ce qui comptait pour moi, c'était que mon fils vive. Qu'il vive à genoux, à plat ventre même, mais qu'il vive.

Julian n'écoutait pas. Il n'avait plus que du dégoût pour moi, pour nous. Pour notre cénacle de vieux cons. De vieux couards qui avaient évité les tranchées. Des pacifistes ? Des planqués, oui ! Clive dans sa chemise prête à craquer ; Duncan qui remonte son pantalon d'une main et se recoiffe de l'autre ; moi qui étale des grands plaids bariolés pour prendre le thé au jardin. Qui malgré l'imminence de la guerre, fait très bien semblant de rien.

Still life.

Ton enfant est grand, c'est un homme maintenant. Il te domine. Il te regarde de Là-Haut et te juge. Avec tes tasses de porcelaine et tes cheveux blancs, tes cigarettes et tes silences. Tous tes murs. Ces murs protecteurs ; ces murs qui te reflètent, qui sont trop minces désormais pour le retenir. Parce que je suis heureuse d'avoir été ce piège, cet abri.

Il n'y a pas de honte à être faite comme je suis, à aimer les belles toitures et les greniers étroits où cueillir le chant des oiseaux. À peindre des îlots de lumière, à les prendre dans mon filet pour les sauver du courant fluctuant de la vie. Observer le monde, c'est aussi y participer ; ce n'est pas réservé qu'aux agités, aux enragés. Aux pessimistes de la raison, aux optimistes de la volonté. Il faut aussi des gens en retrait pour témoigner depuis le bas-côté. Pour essayer de nommer, de donner une forme à la réalité.

L'image tranquille et ferme d'un regard où la peur n'entre jamais ; celui d'une mère qui ne veut pas lâcher son étreinte. Qui veut bercer, essuyer, langer, caresser, à nouveau couler de lait. Embrasser.

Embrasser avec furie chaque repli de son tout petit. Sans souci, sans crainte de salir. Parce que tout autour, l'air est solide comme du ciment. Il sent mauvais, il sent le cuit. Le pourri. L'enfant gâté qui veut jouer au soldat, qui veut des bottes et un pistolet pour compléter sa panoplie.

Tu dois l'en dissuader, Virginia !

Il n'y avait qu'elle pour y arriver.

La tante admirée. La tante engagée. La tante aux discours enflammés devant le parti travailliste, qui animait des cercles d'intellectuels antifascistes.

Elle lui avait dit d'utiliser la plume plutôt que la gâchette. De rester le poète de la beauté répétée. Du soleil qui se couche, du soleil qui se lève. De ne pas mépriser le vallon qui emprisonne le filet d'eau avec l'été. La poussière.

I'm so sorry.

Virginia n'avait pas réussi.

Julian voulait être le poète de la beauté rare, de l'orage où tout s'arrête. Et il était parti ainsi, en me désignant sur le tableau la figure debout à la fenêtre. À moitié dissimulée par les rideaux.

La peinture parlait pour moi, malgré moi. Elle perçait le mensonge qui encerclait mes mots, découvrait ma tête de marâtre. La version arrangée de l'histoire. Une mise en scène que Julian ne voulait plus voir.

La vérité.

La fenêtre brisée, le vase renversé sur le guéridon bousculé, les personnages qui s'échappent. La porte dérobée qui claque, voilà ce que j'aurais dû représenter. Voilà ce qui se jouait entre les actes de cette pièce.

Je n'avais pas peint des femmes libérées ; j'avais peint des femmes cloîtrées dans leur incommunicabilité. Dans leurs solitudes. Des figurantes à contre-jour qui se tournent le dos, une sorte de palais des glaces. Des reflets éclatés qui se côtoient sans se comprendre. Sans se rencontrer.

Nos silhouettes à peine esquissées n'avaient pas empêché Julian de nous reconnaître. Moi, l'ombre austère et lointaine, à l'opposé de cette fille recroquevillée sur elle-même. Le coude sur l'accotoir du fauteuil, la main couvrant sa joue. Angelica qui ne veut plus que je la vois. Que je regarde par-dessus son épaule, que je me penche sur elle comme autrefois sur son berceau.

Ma fille de dix-huit ans. L'enfant chérie du Bloomsbury que j'avais surprise au lit avec un homme de vingt-six ans plus âgé qu'elle. Avec Bunny. L'amant de Duncan, ce vrai père qu'elle ignorait.

Afin de les séparer, j'avais déballé à Angelica tous nos petits secrets, toutes nos relations triangulaires et mortifères ; que Clive n'était en réalité personne pour elle. Mais en agissant de la sorte, je n'avais que renforcé en elle l'envie de transgresser la frontière.

Une volonté d'aller plus loin dans le scandale que nous n'avions nous-mêmes osé le faire.

Depuis qu'elle savait, Angelica ne voulait plus me parler. Elle était toujours fourrée à Monk's House. Chez Virginia. La dernière pièce du puzzle, la dernière femme du tableau. La seule que l'on voit vraiment, celle au premier plan, plantée devant. Celle sur le canapé qui, de toute sa largeur, nous séparait. Celle à qui Angelica révélait son projet d'épouser ce pervers.

Tu dois l'en dissuader, Virginia !

Il n'y avait qu'elle pour y arriver.

La tante confidente. La tante patiente. La tante à qui on n'en veut jamais, à qui on peut demander des conseils sur l'amour, sur le sexe ; tout ce dont on ne veut plus parler avec sa propre mère.

Elle lui avait dit que les parents sont tous des imposteurs, des inconnus derrière leurs masques bleus. Derrière leurs manies ailées pour protéger le lys dans leur bébé. Un enfant que le temps changera en Dieu capable de tout avaler. Capable de tout pardonner. Même cette fleur qu'ils ont gâchée.

I'm so sorry.

Virginia n'avait pas réussi.

Angelica aussi s'était glissée entre mes barreaux et s'était envolée. Une hirondelle au-delà de mes jumelles. Au-delà de cette colline et de nos matins dévalés ensemble en luge, en chœur. En pleurs jusqu'aux profondeurs de mes chevilles.

Je me retenais à ce qui me restait du bonheur. À Quentin et aux souvenirs. À demain. Au fil du téléphone et à la boîte aux lettres toujours vide.

Puis un jour, une enveloppe d'Espagne. Enfin !

En la décachetant, un air brûlant s'en était échappé. Celui d'un charnier au soleil. Il avait mis le feu à ma robe, à ma main où palpitaient les traits noirs des mots sur le papier blanc : *"He is dead and gone, lady, he is dead and gone. At his head a grass-green turf, at his heels a stone."*

La lamentation d'Ophélie. La chanson qui raconte la mort d'Hamlet à la reine.

La mort d'un fils à sa mère.

Une chose impossible.

Je ne comprenais rien ou je ne voulais pas comprendre. J'avais appelé Virginia pour qu'elle vienne. Pour qu'elle m'explique que Julian avait été tué le 18 juillet 1937 ; frappé par un obus en conduisant une ambulance. Réduit à une pâte de chair sous un ciel de fer. Ce qui restait de lui ou peut-être d'un autre emmêlé à ses viscères, était enterré à Fuencarral. Au milieu d'un nulle part près de Madrid.

I'm so sorry.

C'était bien ici où ma colère attendait.

C'était resté là longtemps, au ras de mes dents humides comme au ras des marches d'un puits. Les insultes s'étaient baignées dans la fontaine de ma bouche et l'avaient infusée jusqu'à ce qu'elle devienne assez acide pour exploser en une gueule.

En cette goule qui hurle jusqu'à se faire péter les cordes vocales, tous les vaisseaux de l'œil, les veines du cou.

Un tombereau de coups accompagne ce grand zoo de la douleur ; la goule veut tuer à son tour. Elle a besoin d'une coupable, de détruire celle qui n'a jamais accouché, celle qui n'a jamais quitté sa peau. Qu'est-ce qu'elle en sait ? Cette sale égoïste dont on ne veut surtout pas la pitié ! Celle qui lui a pris ses gosses en leur fourrant des conneries dans la tête : *C'est ta faute ! C'est ta faute ! C'est ta faute !*

On ne revient pas en arrière d'un tel cri.

Il avait creusé entre Virginia et moi un trou béant, une blessure irréversible. Celle de la guerre. La fissure où se déverseraient bientôt tous les garçons du monde. Ils y dégringoleraient seuls, puis essayeraient tous les noms de leur maison pour qu'on leur vienne en aide, comme quand ils étaient petits. Comme quand ça marchait encore. Le genou à peine écorché que quelqu'un accourait sans délai. *Duncan ? Clive ? Maman ? Maman !*

Pourquoi personne n'avait entendu Julian, cette fois ? Pourquoi ne l'avais-je pas aidé ?

Je restais prostrée avec mes paumes ouvertes pour espérer récolter une réponse, une de ses cendres. Ces bénitiers que Julian aimait tendre pour recueillir les papillons, ces bonbons promis après le déjeuner. Ces mains potelées de lignes de vie que j'aurais dû allonger au pinceau.

Je décidais que les couleurs ne me seraient plus d'aucun secours ; je voulais qu'elles s'échappent de moi comme l'eau d'une éponge. Je voulais m'assécher en de longs écoulements, m'engourdir, froide comme le serpent, dans la purulence du temps. Je voulais l'éternel cloaque, l'hiver opaque ; je voulais pourrir sur place. Ne plus faire face. Ne plus quitter la souffrance et ses quatre murs.

Ne plus écouter Virginia qui me conjurait de reprendre la peinture ; de la croire quand elle répétait qu'elle m'adorait, qu'elle était désolée.

Tous ses après-midi, ma sœur les passait à mon chevet. Assise, même en silence, à me regarder. À me chuchoter qu'elle avait commencé à écrire pour Julian *Trois guinées*. Pour qu'il n'ait pas existé en vain. Pour dénoncer le militarisme, le totalitarisme ; ces maux reliés par un seul. Le patriarcat. La domination des hommes qui retirent les enfants des bras des femmes. La fatalité des mères de fils et, peut-être plus, des mères de filles.

Il y avait trop d'yeux dans cette clarté, autant que sur la queue d'un paon. Virginia faisait encore la roue avec ses raisonnements, quand seulement une chose m'obsédait. Comment faire le deuil d'un corps que l'on ne m'avait pas rendu ?

Un corps que je n'avais pas pansé (alors je ne me lavais plus), que je n'avais pas veillé (alors je ne dormais plus). Que je n'avais pas enveloppé dans un linceul comme dans les vignettes de ces mondes disparus, éclairés à la faible lumière des bougies et de Dieu. C'est dans cette obscurité que je voulais recoudre mon fils. Dans mes vergetures que je déchirais, ces marques laissées par sa longue attente. Je les griffais pour qu'elles s'ouvrent, pour que Julian retourne dans mon ventre ; ce tombeau qui le porterait toujours. Une terre natale qui n'engendrait plus que des spectres chauves de stupeur.

Des monstres. Une terreur qui encerclait Virginia dans cette pièce où je l'avais laissée seule.

Le tableau ne parlait plus que d'elle maintenant, de ses trois facettes. De sa façade affalée sur le canapé, à l'aise. Le visage de la représentation. Le visage de la réussite qui, en réalité, ne parvient plus à se concentrer. Qui s'escrime dans le fauteuil à corriger les épreuves d'un manuscrit, mais qui ne comprend rien à la signification des mots. Tout s'embrouille, tout lui échappe. Tout devient flou. La frustration lui faisait jeter la liasse de papiers dans un coin et perdre sa journée à la fenêtre, à contempler son mal-être. Ce mal des fantômes qui la reprenait.

Cette peur qui lui coupait l'appétit depuis que Hitler avait envahi l'Autriche. Depuis que Sigmund Freud – réfugié chez Adrian son disciple – lui avait offert une funeste fleur de bord de rivière. Un narcisse sur la tombe du Bloomsbury, le nouveau lieu de la barbarie. De l'humiliation, des ricanements sur la circoncision. Keynes qui se félicitait d'avoir bien choisi son horaire pour sa visite à Tavistock Square : *J'ai évité le juif !*

La guerre déclarée, les meilleurs ne croyaient plus à rien et les pires se gonflaient d'une noirceur impitoyable. Londres était devenue irrespirable, il fallait évacuer. Virginia abandonnait son bonheur, son ivresse à parcourir les rues où elle aimait musarder durant des heures. Ces pavés enchanteurs qui, sitôt foulés, la transportaient au cœur de la beauté. Au cœur d'une houle de visages qui la stimulaient.

À Monk's House, Virginia se sentait retranchée de l'imagination. Abandonnée sur une île déserte. Pas un coup de téléphone de la journée, deux visites dans la semaine à tout casser. La vie devenait une morne saison qui voyait le rayon de ses révolutions raccourcir. Un axe qui ne courait plus très loin au-delà du jardin, qui se réduisait peu à peu sur son centre. Sur sa chambre.

Dans son lit, la marée de l'angoisse la submergeait lentement. Certains matins, la décision d'un coup de talon rejetait les couvertures. Il lui fallait se reprendre, travailler, inaugurer une nouvelle méthode. Acheter du papier grand format, oui c'est ça ! Pour écrire confortablement assise sur le matelas, dans le salon au coin du feu. Partout, tout le temps. C'était sûr, l'écriture allait y gagner en consistance et en qualité. Mais l'enthousiasme de Virginia retombait devant cette graphie illisible, biscornue et penchée. Prête à s'écrouler.

Il lui semblait qu'entre ces lignes tortueuses s'intercalaient des voix anciennes : *Row, row, row your boat, gently down the stream.* Vite, vite ! Les fantômes ont débarqué. Il faut les distancer. Tout déchirer, frotter les parquets, changer pour la troisième fois l'agencement de la salle à manger, saccager les rhododendrons, broder. *Merrily, merrily, merrily, merrily, life is but a dream.* Marcher, marcher, marcher ! Crier à Leonard d'augmenter le volume de la TSF pour couvrir la terrifiante ritournelle. Serrer sa main. Se balancer d'avant en arrière. Fredonner ce je-ne-sais-quoi de Beethoven. Fermer les yeux. Écouter l'incroyable harmonie de cette musique, son mouvement qui progresse doucement vers l'avant. Vers l'éternité. Pas un fond sonore mais une présence qui exclut tout le reste. Sentir les doigts de Leonard caresser sa joue : *Si tu étais une musique, tu serais celle-là.*

Soudain, l'émission interrompt la cavatine du *Treizième Quatuor.*

L'annonce lointaine est grave ; la France est tombée.

Leonard ne peut contenir ses larmes : *Si l'Allemagne nous envahit, nous serons tout de suite arrêtés !*

C'est lui qui avait proposé de partir ensemble, de se suicider.

Virginia avait accepté d'emblée.

Il avait stocké de l'essence dans le garage pour s'asphyxier, elle avait demandé à Adrian du cyanure pour s'empoisonner. L'art et la manière les faisaient hésiter.

À présent, les fantômes se rapprochaient dans un bruit de moteurs d'avions : un terrible roulement de tambour.

À seulement quinze kilomètres de la côte, Virginia avait eu tout le loisir d'apprendre à distinguer ce moment particulier où l'avion larguait ses bombes. Elle en guettait l'appel d'air ; cet instant suspendu qui lui faisait retenir sa respiration, au cas où ça serait l'heure du grand plongeon.

Le téléphone n'arrêtait plus de sonner. Vita tenait pour Virginia le compte macabre des ruines, des quartiers de Londres rasés par le Blitz : *Tu les entends ? … et celle-ci !… et celle-ci !* Virginia écoutait le souffle des déflagrations autour de la voix hallucinée ; elle était horrifiée à l'idée que son aimée puisse mourir tout en lui parlant.

Puis cet appel dans la nuit, la nouvelle tant redoutée. Tavistock Square avait été pulvérisé. La Hogarth Press, ses manuscrits, tous les personnages que Virginia avait engendrés, ses enfants à elle.

C'était le signal que l'Enfer attendait pour fondre sur elle en entier. Les démons tournoyaient dans un gyre toujours plus large ; une colère d'oiseaux qui déferlait en vagues de cauchemars. Une mer déchaînée de piaillements qui la tenait constamment éveillée. La tempête défonçait sa surface, détruisait cette végétation patiemment grandie sous laquelle elle avait enfoui le passé.

Père aurait eu cent neuf ans.

Mère, quatre-vingt-quinze.

Stella, soixante-douze.

Thoby, soixante et un.

Moi, j'en ai cinquante-neuf et je ressemble déjà à leurs têtes de mort.

Pour son anniversaire, on lui avait arraché les molaires. Il fallait enlever le mal à la racine.

Virginia avait désormais la figure d'une Parque émaciée, vieillie. Foudroyée par l'effroi quand elle croisait son sourire édenté dans le miroir. Alors, elle l'avait brisé.

Ses gencives lui faisaient mal. Elle n'arrivait plus à mâcher, elle n'arrivait plus à manger. Elle buvait du lait. Dans sa chambre envahie de crépuscule, Leonard lui donnait la becquée comme à un oisillon.

Assister à de telles scènes me révoltait.

Prise dans ma propre tourmente que rien ne pouvait égaler, je ne comprenais pas la gravité de l'état de Virginia. Je m'exaspérais du ridicule de la situation, de ses questions : *Je voulais te demander. M'aimes-tu toujours, Vanessa ? Aime-moi.* Je n'y voyais que des caprices, ces mêmes absurdités qui m'avaient tant de fois épuisée. Je lui ordonnais de ne pas tomber malade, je la culpabilisais. Qu'aurions-nous fait, en cas d'invasion, si elle devenait invalide ?

De retour à Charleston, je regrettais ma froideur. Un sursaut dans lequel je m'empressais de lui écrire tout ce que je lui devais ; ma reconnaissance pour m'avoir gardée en vie ces dernières années.

La suite est à imaginer puisque jamais je ne la reverrai.

Il n'y avait plus qu'une lettre retrouvée sur son bureau.

Après.

Elle s'était couchée tard pour tout préparer.

Pour partir se tuer de bonne heure.

Aux premières lueurs, elle avait vu le mur du jour dressé à la fenêtre ; sa grande crête blanche d'écume l'attendait. Et Virginia avait ri en regardant la lame du désespoir saliver, sa mousse laiteuse qui déjà lui caressait les pieds. À voix haute, elle l'avait rassurée : *C'est pour aujourd'hui, ne t'en fais pas !*

C'est aujourd'hui qu'elle va finalement voir jusqu'où c'est profond dans le noir.

Leonard avait été surpris en entendant ses pas descendre l'escalier, Virginia s'était enfin levée ! Elle était apparue vêtue d'une longue robe de velours vert, les cheveux relevés avec soin. Des rubis aux oreilles, à son cou des rangs de perles. Une opaline à la main droite. Une allure folle, une vraie beauté.

Incrédule, Leonard l'observa à table tremper deux biscuits dans un verre de lait qu'elle descendit d'un trait. Il exultait. L'espoir est un salopard qui dupe ses fidèles avec de très petites choses.

Tu veux m'aider à tailler les rhododendrons ?

Il n'avait rien osé dire quand elle l'avait rejoint dans l'air doux en manteau de fourrure. Il était juste content qu'elle soit là. À contempler les forsythias et leur floraison lumineuse qui annonçait l'arrivée du printemps. Leurs tendres taches jaunes allaient lui manquer.

Je pars me promener.

Virginia avait refusé d'emporter avec elle un masque à gaz, mais elle avait dû prendre sa canne pour que Leonard accepte de la laisser partir seule.

Et il l'avait regardée s'éloigner de Monk's House en habits de naufrage ; ses meilleures nippes, dans le jargon de la marine à voile, que l'on enfile à toute vitesse en abandonnant le navire.

La campagne meurtrie gardait ses anciennes couleurs. Peut-être que la clarté bleue des noues, peut-être que la brillance rouge des semailles la firent un moment hésiter. Virginia tourna son visage vers le ciel comme pour l'interroger, mais se heurta à sa plaie. Un avion approchait.

Elle se précipita sous un tilleul qui sentait bon dans ce qui aurait pu être un doux matin de mars, s'il n'avait été voué au dieu de la guerre. Virginia ferma les paupières. Adossée au tronc, elle écouta le vent chargé de bruits désordonnés. Elle essaya d'en isoler ceux de la ville qui n'était pas si loin, ceux de sa jeunesse. Non, décidément. Plus rien ne la retient dans ce pays de la grande tuerie, plus rien ne lui appartient.

Dans la plaine, l'Ouse apparut large de pluies ; il semblait contenir tous les fleuves. Presque une mer intérieure qui coulerait bientôt dans ses veines.

C'était difficile de se pencher sur la berge pour collecter les plus grosses pierres, Virginia n'arrêtait pas de glisser. Ces poches de fourrure étaient maintenant très lourdes, pleines de cailloux et de terre, de fourmis qu'elle avait dérangées. Ça lui plaisait. Elle allait retourner à la circulation des choses, au sang de sa destinée d'ombre passagère.

Virginia s'était rêvée nouvelle sirène ; ses vêtements étalés autour d'elle la soutiendraient un moment, pendant qu'elle lâcherait doucement la barre à laquelle elle s'agrippait depuis trop longtemps. Pendant que ses lèvres murmureraient des bribes de cavatine, de vieilles chansons : *Row, row, row your boat*... Mais une fosse parmi les roseaux et son manteau lesté ne lui en laissèrent pas le choix. Virginia bascula la tête en avant, happée par le courant.

"Un malheur marche sur les talons d'un autre, tant ils se suivent de près : votre sœur est noyée."

C'est au tour de la mort d'Ophélie d'être annoncée.

Au téléphone, Leonard était bouleversé, Virginia n'était pas rentrée. Durant des heures, il avait ratissé la campagne pour ne trouver que sa canne. Des adieux bien pliés dans sa chambre à l'étage.

La nouvelle provoqua en moi une réaction opposée à celle de la disparition de Julian, parfaitement contraire. J'eus terriblement froid. L'air qui me portait s'était échappé d'un coup, éteignant le feu qu'il nourrissait.

Je n'avais plus de substance, plus de corps. Comme Virginia.

J'ai prié pour qu'on ne le retrouve pas.

Je voulais pour elle l'envol des poètes, un battement d'ailes. Un chapelet de bulles qui remontent à la surface. Le chant de l'eau et du feuillage tressé par le vent dans les saules. Des couronnes fantasques de renoncules, d'orties et de marguerites, tous ces trophées champêtres pour l'accompagner dans le ruisseau en pleurs.

Mais les mots ne tiennent pas à côté de la mort.

Rien ne tient à côté de la peau laminée, de l'affreuse putréfaction d'un cadavre coincé trois semaines dans une écluse. La terreur des mômes qui l'ont retrouvée.

Je n'ai pas voulu me rendre à l'identification, ni à l'incinération.

J'ai attendu trois aubes. Le temps nécessaire à Charon pour traverser le Styx. Parvenue sur l'autre rive, Virginia peut désormais m'entendre.

Je pars m'étendre entre les racines de l'orme dont Leonard a couronné ses cendres.

Des insectes m'attaquent. C'est ma sœur qui renaît de sous les pierres en une fourmilière.

Elle est ce jardin anglais, un herbier, cet arbre. Une chose éternelle. Un mythe où les âmes boiront à sa gorge. De l'or pour les chiens.

Des loups qui encerclent la petite chèvre ; ils ont faim de bouc émissaire. Toute cette vermine qui se déchaîne contre elle dans les journaux, qui envoie des bordées d'injures à Monk's House. Qui ose la traiter de lâche, alors que l'envers de sa folie n'était que l'endroit de celle des hommes.

Leurs V de la victoire ne me sont rien. Rien d'autre qu'une lettre déchirée en deux, le signe de ma défaite.

Terrassée sous des morceaux d'azur sombre qu'encadrent les branches. Des chiffons froissés et piqués de mauvaises étoiles. Celles de Cassiopée et son inaccessible monogramme.

Je reprends mon pinceau pour elle, pour illustrer la couverture de son roman posthume ; *Entre les actes*.

Étrange dessin. Je voulais un rideau de théâtre resté ouvert et on dirait un monument aux morts.

C'est bien.

Virginia n'a jamais été allongée sous un drap dans une salle de la morgue trop éclairée. Elle peut sortir de cette pièce et se cacher dans les rabats de ma jaquette. Y être lue et honorée. Encore et encore ressuscitée. Le vœu de Mrs Swithin : *"Mais nous avons d'autres vies, je pense, je l'espère, nous vivons en d'autres. Nous vivons dans les objets."*

Vivre en moi vide de tout. Me retrouver partout. Où il y a de l'eau, où je naviguerai sous aucun soleil qui vaille. Pas le moindre au-dessus de moi.

Je crie et j'écris ce que je veux.

Ma sœur est immortelle et vous ne le saviez pas. Elle n'a rien à voir avec vos alluvions poisseuses, votre simple gris de fleuve traversé de pays plats, d'écueils, de pâles collines. Elle est la marée du printemps, la bouche verte du Jourdain. Le Tigre qui dévore vos visages tournés vers elle. Quelque chose de grandiose et de terrible, de noble et de surfait.

L'Ouse ne coule pas dans le Sussex, l'Ouse n'existe pas. Ceci est le Nil, le Gange, le Tibre, et je suis une menteuse !

Que la sœur, la mère, la femme enterrent leurs faces.

Je ne me cache plus, regardez-moi !

C'est l'amoureuse qui parle : *Je t'aime Virginia.*

Ma chérie,

Tu ne peux pas savoir combien j'ai aimé ta lettre.

Mais, cette fois, je sens que je suis partie trop loin pour pouvoir revenir. Je suis maintenant certaine que je sombre à nouveau dans la folie. C'est exactement comme la première fois, j'entends des voix, sans cesse, et je sais que je ne pourrai plus les faire taire. Tout ce que je veux dire c'est que Leonard a été incroyablement bon, tous les jours, tout le temps ; personne n'a fait autant que lui pour moi. Nous avons été parfaitement heureux jusqu'à encore quelques semaines, quand toute cette horreur a recommencé. Pourras-tu l'en assurer ? Je sens qu'il a tant à accomplir, qu'il avancera mieux sans moi et que tu l'aideras.

Je peine à réfléchir avec clarté. Si j'y parvenais, je te dirais combien toi et les enfants vous avez compté pour moi. Je pense que tu le sais.

J'ai lutté contre ça, mais je ne peux plus continuer.

Il n'y a rien que quiconque puisse dire qui pourrait me persuader…

Devant moi, il y a une inconnue qui manque de visage. Une femme assise aux traits délavés sous un chapeau de paille. L'héroïne d'un livre qui ne s'ouvrira plus qu'une fois.

Vanessa, est-ce toi ?

L'obscurité l'a creusée au centre.

L'éclairage vient d'en dessous, de la main droite sous son menton qui brandit une poignée de pinceaux ; Vanessa les tient comme un flambeau. Ces faisceaux éclairent son monde sans contours, entre la nuit et le jour. Ils l'extraient du moment et laissent voir ce qui se cache au-dedans. Une âme qui me regarde. Qui me dit qui elle est.

Elle s'est représentée à l'intersection du rien, sans servitude ni cloison. Une forteresse de peau en accoutrement de quatre-vingt-deux ans. Sa figure est déboutonnée du nez, des yeux, des joues, des lèvres. Dissoute dans la béance enténébrée de son front. Dans cet air ailleurs qui oblitère la face des endeuillés. Leur part effondrée avec le chagrin.

On dirait un tombeau ouvert, plein de mystère. Un portail rongé de lierre comme à l'entrée de sa maison.

Charleston où les visiteurs se promènent derrière des cordons qui protègent les lits. Certains malotrus sont-ils tentés de s'y allonger ? Remarquez, ceux qui voudraient s'y reposer sont-ils si sacrilèges ? Un lit ça sert à dormir, pas à se recueillir. L'imbécile, c'est moi. À coller mon nez à la vitrine du vaisselier.

Qu'est-ce que j'espère à rester plantée devant son chevalet ? Devant ces fétiches poussiéreux exposés sur les manteaux de cheminées ? Ce ne sont que des ruines bien rangées. Des coquilles sans voix, qui sonnent creux détachées de la main qui les a créées. Et sans cette main, tout me paraît désuet, terriblement décevant, déchirant.

Vanessa n'éclaire plus rien, elle est trop loin maintenant. Elle m'est devenue inaccessible. Je décide de sortir dans le jardin.

Lui a conservé ses vraies couleurs, ses odeurs ; il a gardé enclos la chaleur. Des murs de pierre qui ont retenu le parfum des fêtes d'hier : "... *all the boys together, all the girls together...*"

Dans mes oreilles, les riffs de Pete Doherty me protègent d'un groupe de vieilles Anglaises en goguette qui trouvent tout *lovely*. Elles piétinent ce sanctuaire, respirent sans dévotion le cœur jaune couronné de blanc d'une Vanessa Bell : "... *she's the last of the English roses...*" Elles ne sentent pas l'émotion poignante des figures absentes, celles qui ont laissé cette maison assise seule au milieu de leurs ombres : "... *coming out, coming alive...*"

À présent, je roule jusqu'à Berwick, jusqu'à cette église décorée par Vanessa en 1942. Un an après le suicide de Virginia.

Je pense trouver ici un temple pour sa sœur, mais c'est son visage qu'elle a peint au centre de la Nativité. Ses bras sont pleins d'un bébé aux éternelles boucles blondes, un petit Julian. Le berger agenouillé ressemble carrément à Duncan.

Vanessa s'est fait la tête de sa jeunesse ; ce portrait de Dorian Gray que l'on s'attend toujours à voir dans le miroir avant de se découvrir laid, les cheveux tout dressés comme le *Moïse* de Michel-Ange.

Ça coûte cher d'être sauvée des flots, de prendre le risque de vieillir, de souffrir. De devenir un esprit limoneux qui médite la mémoire et l'oubli, qui dégorge sa vie. La guerre, le deuil, la mastectomie. Cet âge mutilé qui l'empêchait chaque matin de se reconnaître et battait dans ses articulations au même rythme que son cœur.

Alors, Vanessa s'est offert ici une prière qui brave le temps. La mort et la maladie, injustes et certaines, auxquelles elle a survécu durant vingt ans.

Elle joue jusqu'au bout la partie, ce cache-cache sur une cadence de musique de mer. Ce rythme sur lequel je continue de la chercher, fascinée par sa disparition, fascinée par son apparition. Le dévoilement de son étoile de sel qui rayonne, rayonne.

Je souris.

Je me retourne pour partir et voilà que je tombe sur Virginia dans la travée d'en face.

Évidemment.

Elle est en conversation avec l'ange de l'Annonciation.

Cette part manquante est aussi la mienne. Elle se trouve au bout de la route, longue et douce, qui avance parallèle à l'Ouse.

Je fais halte pour pisser dans la lande qu'il baigne, dans le laurier inutile qui étouffait le front de Virginia de migraines et de visions. De rêves.

Je ne peux m'empêcher de descendre sur la berge, d'y ramasser une pierre ronde et polie, jolie. Je la mets dans ma poche crevée pour qu'elle tombe sous moi, comme si je l'avais faite. Et je la balance au fleuve.

Voici l'Ouse deux fois bénie par mon offrande et par la tienne, petite fille qui se tenait trop près de l'eau pour craindre. Trop près du Ciel. Aujourd'hui, on pourrait le croire italien ; son bleu en a le saphir. Il faudrait que je dise un truc, mais rien ne vient. C'est compliqué de choisir des mots pour solde de tout compte. Gena Rowlands, ça me paraît bien : *"Love is a stream, it's continuous, it doesn't stop."*

La plaine vide défile vite, elle remplit le pare-brise, toute ma figure. Un espace hanté par la source, porté vers l'horizon. Entre ces deux rives, la traversée a zigzagué de bras morts en grèves éloignées. Des crues ont débordé, détruit quelques ponts, mais ça y est.

Je suis parvenue à l'estuaire. À ce grand phare face à la mer.

À l'envers du feu, je sais maintenant que l'eau est mon élément. Celui qui trouve son chemin à travers chaque pore. Celui du poème. Un liquide où rien n'est corruptible, où les os et les dents naissent des sédiments minuscules qu'il charrie, qu'il brasse en moi sans cesse. Pas du corail ou des perles, mais bien du goût de la terre, d'un passé amer. Celui qui donne envie de débarrasser l'étagère.

Je le connais comme toutes les emportées. Les pressées de l'intérieur qui franchissent un matin le récif élevé du bord de leur lit pour partir se tuer.

Cette rage vers une promesse inconnue et lugubre ; un autre genre de paix qui pousse à nager vers le bout de ses forces. Faire la planche et sentir le sang refluer jusqu'à son cœur. Vouloir finalement rester, vouloir ce courage. Monnayer avec l'or du jour, ses reflets dans mon œil, toute ma mémoire. Se laisser dériver dans le courant, revenir on ne sait pas comment sur cette plage où sa sœur attend, la main en visière. Toujours au poste de vigie, toujours là. Lui faire croire à une crampe pour expliquer pourquoi on a tardé. L'embrasser un peu trop longtemps, puis pleurer.

Écrire ce que l'on ne peut pas dire, c'est ma revanche de femme cousue d'enfance sans retour.

C'est peut-être une autre façon de me détruire, jusqu'à parvenir au point aveugle où les mots laisseront leur marque indélébile dans cette chair de papier. Celle élue de mon esprit, celle que je prête à toutes les noyées. À toutes mes sœurs.

Trois voix pour un seul chœur. Une seule histoire pour dire des mondes différents qui viennent en réalité du même. D'une douleur vaste comme le monde. D'une peur qui quitte sa pesanteur dans ce tableau partagé.

Désincarné comme le sont parfois les images saintes ; celles où la figure charnelle est blasphème parce qu'elle trahit l'incandescence. Où toute la face est une auréole. Où j'ai l'illusion de les voir vivantes pour moi, sans même avoir besoin d'être.

Alors, je les laisse ici car il n'y a pas de fin parfaite. Il n'y a que des fins infinies.

Vanessa et Virginia sont de celles-ci.

La lettre d'adieu de Virginia à Vanessa est authentique.

Pour le reste, ce roman a été imaginé grâce aux biographies de Jane Dunn *(Virginia Woolf and Vanessa Bell: a very close conspiracy*, Time Warner Books, 2001*)* et de Viviane Forrester *(Virginia Woolf*, Albin Michel, 2009*)*. Grâce au catalogue raisonné des peintures de Vanessa dressé par Sarah Milroy et Ian Dejardin (*Vanessa Bell*, Philip Wilson Publishers, 2017). Grâce aux livres de Virginia, bien sûr. Sa correspondance, ses essais, ses nouvelles... Cette œuvre immense qui ne cesse d'inspirer tant d'auteurs. Des frères et des sœurs.

Une famille d'élection, une famille rêvée. Une famille quand même.

OUVRAGE RÉALISÉ
PAR L'ATELIER GRAPHIQUE ACTES SUD
REPRODUIT ET ACHEVÉ D'IMPRIMER
EN JANVIER 2023
PAR NORMANDIE ROTO IMPRESSION S.A.S.
À LONRAI
POUR LE COMPTE DES ÉDITIONS
ACTES SUD
LE MÉJAN
PLACE NINA-BERBEROVA
13200 ARLES

DÉPÔT LÉGAL
1re ÉDITION : JANVIER 2023
N° impr. : 2300368
(Imprimé en France)